SV

Peter Janich

Was ist Information?
Kritik einer Legende

Suhrkamp

Bibliografische Information Der Deutschen Bibliothek
Die Deutsche Bibliothek verzeichnet diese Publikation
in der Deutschen Nationalbibliographie;
detaillierte bibliografische Daten sind im Internet
über **http://dnb.ddb.de** abrufbar.

Erste Auflage 2006

Satz: Hümmer GmbH, Waldbüttelbrunn
Druck: Druckhaus Nomos, Sinzheim
Printed in Germany
ISBN 978-3-518-58470-5
ISBN 3-518-58470-7

1 2 3 4 5 6 – 11 10 09 08 07 06

Inhalt

Vorwort

Bei der Ablieferung meines letzten Buchmanuskripts im Suhrkamp-Haus (»Kultur und Methode«, stw 1773) ergab sich im Lektorat ein Gespräch, dem ich ein vornehm zurückhaltendes Interesse an weiteren Publikationsprojekten entnehmen sollte. Ich verwies wohl auf die zeitlichen Lasten, die sich aus der Vakanz aller Professuren meines Faches außer meiner eigenen am Marburger Philosophischen Institut ergeben, sorgte mich um die Frage, ob ich die Vorzüge eines Sekretariats bis zum unabwendbaren Ende meiner Dienstzeit noch würde nützen können, erwähnte ein (einem anderen Verlag) zugesagtes halbfertiges Buchmanuskript und nannte schließlich den Titel »Was ist Information?«. Weit verstreut und gerade für Philosophen, in diesem Falle aber auch für Informatiker nicht leicht zu erreichen sind meine Aufsätze zu sprachphilosophischen, wissenschaftstheoretischen und anderen Aspekten des Informationsbegriffs, der Computerwissenschaften, der Kommunikationstheorien und der damit zusammenhängenden Folgen für die aktuelle Naturalisierung unseres Menschenbildes.
Meine allervorläufigsten Überlegungen gingen in Einschätzung meiner Kräfte und Möglichkeiten von dem Weg aus, vielleicht eine Sammlung von Aufsätzen zusammenzustellen, die sich um den Informationsbegriff gruppieren. Nun finden sich im wissenschaftlichen Lektorat eines großen Verlages nicht nur ungezählte Manuskripte, sondern auch die neuesten Produkte des Hauses. In diesem Falle waren es einige neue Bände der »Grauen Reihe«. So kam es wohl, daß Herr Dr. Bernd Stiegler mir anbot, ich solle doch den schönen Titel für diese Reihe nützen, aber die Form der Aufsatzsammlung zugunsten eines kohärenten Textes aufgeben.
In der wohl jedem Autor und Wissenschaftler bekannten Überschätzung der eigenen Kräfte habe ich nach wenigen Tagen dem Projekt zugestimmt, weil Aufsätze zwangsläufig gewisse Wiederholungen enthalten, die einer kohärenten Lektüre im Weg stehen. Zugleich verpflichtet ein argumentativer Gang von der Identifizierung und Analyse eines Problems bis zum Versuch seiner Lösung, auch die weißen Flecke der bisher abgeschrittenen Landkarte des Problems zu füllen. Insofern danke ich dem mich

nach Zusage bindenden Vorschlag des Verlages, daß das vorliegende Buch termingerecht vorliegt, obwohl es im Rückblick zeitlich gar nicht möglich war, es zu schreiben.
Weiteren Dank schulde ich meinem Marburger Kollegen Wolfgang Hesse aus dem Fach Informatik, der immer wieder gemeinsame Lehrveranstaltungen angeregt und in diesen mich mit den fachinternen Entwicklungen bekannt gemacht hat; dieser Dank schließt die Teilnehmer und Referenten unserer Seminare ein, die ungefähr zu gleichen Teilen aus der Informatik und aus der Philosophie kamen.
Schließlich habe ich, wie schon oft, meiner Sekretärin, Frau Elvira Mengel, zu danken, die mir durch unermüdliches und effizientes Schreiben eine Produktionsform ermöglicht, die ich wohl einmal vermissen werde.
Daß die Zusammenarbeit mit dem Suhrkamp Verlag bei der Produktion des Buches, wie gewohnt, exzellent war, soll ebenfalls nicht vergessen sein.

April 2006 — Peter Janich

1 Information und Legende

Dieses Buch befaßt sich mit einer Legendenbildung in den Wissenschaften, die längst die Wissenschaften verlassen hat und zum Begleiter des Alltagslebens geworden ist. Wie so manche Legende entfaltet sie Wirkungen, deren Ursachen verkannt werden; sie ist gegenwärtig in Alltagsmeinungen ebenso wie in wissenschaftlichen und philosophischen Glaubensbekenntnissen. Ihr Gegenstand ist die Information. Ob als Grundbegriff von Theorien des Kultürlichen oder als natürliche Erbinformation, ob als Namengeber einer jungen Wissenschaft oder als Politikum, ob als Bezugspunkt einer gewaltigen Technologie oder als Fixpunkt einer wirtschaftlichen Heilsbotschaft, die Legende von der Information hat viele Formen, Erzähler und Adressaten.

Information über Legenden

Legenden sind, so die allgemeine Lexikonweisheit, Heiligengeschichten. Wörtlich bedeutet »Legende« den zu lesenden Text. Wo das eine Lexikon definiert, es handle sich um eine »nicht der gesicherten Wahrheit entsprechende Geschichte« (F. Kluge, Etymologisches Wörterbuch der Deutschen Sprache 1989), erläutert ein anderes, daß Legenden vom mittelalterlichen kirchlichen Brauch herrührten, am Jahrestag eines Heiligen »erbauliche Erzählungen in Kirchen und Klöstern vorzulesen« (Meyers Enzyklopädisches Lexikon Bd. 14, 1975). Wunderbares sollte sich in solchen Geschichten manifestieren, die sich in den Formen einerseits der volkstümlichen Erzählung, andererseits der poetischen Verarbeitung darböten. Das ist es, was auch auf die Legende von der *Information als Naturgegenstand* paßt. Und über die Lexikonweisheiten hinausgehend möchte man das Wissen beisteuern, daß ungesicherte Wahrheiten noch nie verhindert haben, Wallfahrtsorte – anerkannte wie kirchlich nur geduldete – einzurichten. Dort wird der Mangel an Wahrheitssicherung durch die Gläubigkeit ersetzt, mit der die selbsternannten Verwalter der Heiligen von deren Wundern berichten. Auch einer inbrünstigen Anrufung der Heiligen hat weder die

Freiheit der volkstümlichen Darbietungsform noch die Freiheit der dichterischen Gestaltung von Legenden geschadet.

Legenden über Information

Die Legende, um die es hier gehen soll, läßt sich in die kurze Glaubensformel zusammenfassen: »Information ist ein Naturgegenstand«. Aber es versteht sich von selbst, daß sich keine Legende gestatten kann, in solcher Kurzform daherzukommen. Außerdem, was ist schon ein Naturgegenstand? Jeder kennt und gebraucht die Wörter »Natur« und »Gegenstand«, möchte aber meist nicht danach gefragt werden, wie. Diejenigen, die meist gerne danach gefragt werden, sind unter den Philosophen zu finden. Sie sind aber zumindest in der Frage zerstritten, was (die) Natur sei. Schon die Frage, ob hier der bestimmte Artikel »die« angemessen ist oder nicht, trennt die Anhänger der Meinungen, es gebe eine (und zudem menschenunabhängige) Natur, deren Teil der Mensch selber sei, und das Lager derer, die Natur nur als das bequeme Substantiv zu »natürlich« sehen. »Natürlich« ist selbst wieder ein mindestens so vieldeutiges Wort, wie man Gegensätze dazu aufzählen kann, etwa künstlich, technisch, künstlerisch, geistig, zivilisiert, manieriert, gekünstelt, ungesund und viele andere.

Bevor wir uns auf die allzu laienhafte Erzählform der Legende vom Naturgegenstand Information einlassen, wonach die Natur schon vom Urknall an, allerspätestens aber in der Ursuppe der unwirtlichen Frühphase unserer Erde Information bei der Entstehung des Lebens produziert hat, ist erst einmal Boden unter die Füße zu gewinnen. Information ist ein Kernbegriff nicht nur der empirischen Naturwissenschaften, sondern auch der mit Informationstechnologie befaßten Technikwissenschaften, der mit den mathematischen oder strukturellen Aspekten der Information befaßten Informations- und Computerwissenschaften sowie der Kommunikations- und Medienwissenschaften. Daß in einer Informationsgesellschaft schließlich auch über politische oder psychologische Aspekte der Informationshoheit, des wirtschaftlichen Gutes oder des Produktionsfaktors Information und den Überlebenswert des Informationsvorsprungs gesprochen wird, möge hier beiseite gelassen werden.

Es gibt durchaus seriöse Abhandlungen, in denen der Frage »Was ist Information?« in einer ungeheuren Spannweite von der antiken Begriffsgeschichte über die Entstehung von Informationswissenschaften und die Übernahme des Informationsbegriffs durch Physik, Psychologie, Biologie, Kybernetik, Ökonomie und Soziologie bis zur Informationsgesellschaft und bis zu politischen neben ethischen Rechtfertigungsfragen nachgegangen wird (z. B. Sascha Ott, Information. Zur Genese und Anwendung eines Begriffs, 2004).

Zwischen den Extremen solch enzyklopädischer Vollständigkeit und der Verengung des Blickes auf einen Punkt liegt die Frage nach dem Kern der Legende von der Information als Naturgegenstand und ihren zahlreichen volkstümlichen Erzählformen und ihren weitreichenden Folgen. Eine Entscheidung zwischen erschöpfender Vollständigkeit und verdächtiger Einseitigkeit drängt sich nicht auf, wo es, wie hier in diesem Buch, um einen klar identifizierbaren *Mißstand* geht.

Mißstände brauchen einen Ort. Sie müssen sich irgendwo einstellen, von irgendwem verursacht sein, irgendwelchen Betrachtern auffallen und irgendwen stören. Gibt man dem Mißstand der einfachen Verständigung halber einen Namen, so soll er hier *Naturalisierung der Information* lauten. Der Ort dieses Mißstandes ist die Philosophie der Wissenschaften mit dem besonderen Schwerpunkt Philosophie der mathematischen, der Natur- und der Technikwissenschaften. Dieser Ortsbestimmung ist hinzuzufügen, daß bei Philosophie sowohl an professionelle akademische Philosophen wie an das unüberschaubare Heer der Liebhaberphilosophen zu denken ist, die sich in den Fachwissenschaften und in der Publizistik finden.

Zum erwähnten Betrachter eines Mißstandes wird, wer sich gestört sieht. Die Störung bestimmt, wer Mißstände feststellt, beschreibt, analysiert und im günstigen Falle bemüht ist, die Störung abzustellen.

Der Name des Mißstandes *Naturalisierung der Information* steht für ein *Programm*. Programmatisch wird Information exklusiv oder primär als Gegenstand der Naturwissenschaften reklamiert. Nun wäre das Wort Naturalisierung ja wohl kaum sinnvoll, wo man etwas, das ohnehin schon natürlich ist, der Natur zurechnet. Naturalisierung soll hier heißen, daß die Naturwissenschaften beanspruchen, Information in voller und am Ende alleiniger Zuständigkeit erforschen und beherrschen zu können. Kurz, Information soll, so das Programm der Naturalisierung, zum alleinigen und zumindest primären Gegenstand der Naturwissenschaften ausgerufen werden. Dies ist natürlich längst geschehen. Man muß sich nur die verschiedenen Erzählformen der Legende etwas näher ansehen, um zu wissen, wovon die Rede ist.

Legenden als Heiligengeschichten sind gewissermaßen die verbale Form zur bildlichen Darstellung, zur *Ikone*. Einfache Ikonen gehören zu Legenden wie die Volkstümlichkeit der Erzählung. Eine solche Ikone der Informationslegende ist etwa die berühmte Äußerung des Vaters der *Kybernetik*, Norbert Wiener, wonach »Information Information und nicht Stoff oder Energie« sei.

»Information ist Information« ist zwar nicht gerade die erfolgreichste Form, in der die Wissenschaften ihre Grundbegriffe erläutern, aber der Zusatz »nicht Stoff oder Energie« deutet doch an, was der Satz insgesamt sagen soll: Der Informationsbegriff gehört in denselben Gegenstandsbereich wie die Begriffe von Stoff und Energie, also letztlich in den Bereich der Physik. Und die Fortsetzung dieses berühmten Zitats, wonach »kein Materialismus heutzutage« (1949) erfolgreich sein wird, der dies nicht zur Kenntnis nimmt, setzt gleich die richtigen Markierungen. Man tut wohl Wiener und seiner Überzeugung nicht unrecht, wenn man interpretiert: Dieses kurze Credo des Kybernetikers besagt, daß Information nicht einfach Materie oder Energie sei, sondern etwas Eigenständiges, etwa deren Struktur – vielleicht mit dem Zusatz: einer Struktur, die sich nur an Vorgängen oder Wirkungen zeige, wie sich ja auch erst beim Abspielen der Schallplatte die in sie eingepreßte Information zeigt. Mehr noch, die räumliche Struktur der Schallplatte als Stück Materie wird beim Abspielen zu Schwankungen des Schalldrucks als Struktur von Energie. Damit ist also Information schon zu einer ersten Ikone gemacht, die man wie eine bunte Gipsfigur bei einer Prozession mitführen kann. (Es wird zu überlegen sein, ob Wiener hier tatsächlich über Gegenstände oder nur über Begriffe der Naturwissenschaften gesprochen hat.)

Eine andere Ikone unserer modernen Legende ist die *Erbinformation*. Seit aus der Verbindung der biologischen Genetik mit der Chemie die Erkenntnis der molekularen Vorgänge in den Zellkernen bei der Vereinigung von Ei- und Samenzelle hervorgegangen ist, gehört es zum Allgemeinwissen, über diese Vorgänge (und ihre eindrucksvollen Modelle wie die Doppelhelix, die

Gene und ihre Transformationen) in der Sprache der Nachrichtentechniker zu reden. Als in der Verbindung von Wissenschaft, Politik und Kommerz die »Entschlüsselung« des menschlichen Genoms publik gemacht wurde (Craig Venter und Bill Clinton, 2001), haben sich nicht nur die Medien zu überbieten versucht mit Metaphern wie Buch, Grammatik, Text oder Schrift des Lebens. Die Rede von Codieren, Transkribieren, Übersetzen, Lesen, Sprechen usw. wurde zum unverzichtbaren Mittel der Darstellung. Wer es genauer wissen wollte, konnte dabei feststellen: Das ist nicht etwa eine von Journalisten oder Mediatoren erfundene bildliche Sprache fürs Volk, sondern die Originalsprache der Experten und der einschlägigen Lehrbücher. Also nicht bloße Veranschaulichung komplexer Verhältnisse für den armen Laien, nein, die *wissenschaftliche Originalsprache* an der Forschungsfront formuliert die Kunde von den kausalen Mechanismen der Entstehung neuer Eigenschaften eines Lebewesens aus denen der Elternteile in einer Sprache, die üblicherweise nur auf redende und schreibende Menschen angewandt wird.

Dazu mußten aber, für eine dritte Ikone und Erzählform der Legende, die entsprechenden Wörter schon landläufig bekannt sein. Sie waren es, teilweise weil sie der ganz geläufigen Alltagssprache schon seit Jahrhunderten angehörten wie »Sender« und »Empfänger«, die aus dem Bereich der brieflichen Korrespondenz stammen und in der deutschen Sprache durch die staatliche Post zum Amtsdeutsch geadelt waren. Andere Wörter wie Signal und Code waren, wo sie nicht durch die Eisenbahn oder durch den zivilen Funkverkehr im Morsealphabet bekannt waren, durch die Ereignisse des Zweiten Weltkriegs umfassend geläufig. Niemand mußte eine Theorie der Nachrichtentechnik auch nur ansatzweise kennen, um ihrem Vokabular zu begegnen. Dieses Vokabular entstammte ja primär der Alltagswelt. Für das englische »Code« stand das lateinische »codex« (»Baumstamm«, »Schreibtafel«, »Buch«) Pate und tauchte in gesetzlichen oder kirchlichen Zusammenhängen auf.

Die dritte Ikone zur Legende von der naturalisierten Information ist also die *Nachrichtentechnik*. Volkszählungen mit Hollerith-Lochkarten, die Einführung des Rundfunks, des Telefons und des Fernschreibers waren die historischen Anfänge, die sich heute zu den (nur noch vom Experten überschaubaren) Technikformen der Kommunikation, der Unterhaltung und der vielseitigen Verwendung von Computern entwickelt haben. Information

scheint hier als Naturgegenstand legitimiert dadurch, daß sich die Ingenieure mit solch stupendem Erfolg dieses Gegenstandes bemächtigt haben; denn was anderes als die Anwendung der allgegenwärtigen und allmächtigen Naturgesetze wäre die Technik? (Wie hieß es in der Lexikondefinition von Legende? »Nicht der gesicherten Wahrheit entsprechende Geschichten«! Sollte die Wahrheit nicht gesichert sein, daß Technik erfolgreich ist, weil sie Naturgesetze anwendet? Vgl. S. 33 f. und S. 159 f.!)
Eine vierte, etwas jüngere Ikone unserer Legende wird von der *Hirnforschung* beigesteuert. Das Gehirn, Steuerungszentrale des menschlichen und tierischen Organismus und informationsverarbeitende Maschine, ist geradezu der Prototyp des Naturgegenstandes. Die Techniker würden nur allzu gerne seine Leistungsfähigkeit simulieren, kopieren oder übertreffen, etwa in der KI-Forschung (KI für »Künstliche Intelligenz«). Nicht nur wo dem Laien die komplexen elektrophysiologischen oder molekularchemischen Vorgänge in den kleinsten Kompartimenten unseres Denkorgans erspart werden sollen, auch wo unter Experten die funktionale Beschreibung des Organs diskutiert wird, greifen Modelle, die ohne den Informationsbegriff der Nachrichtentechnik nicht gebildet werden könnten. Das Gefühl des Erhabenen gegenüber dem Heiligen, hier in der Form des Staunens vor der Natur am Beispiel des superkomplexen Hirns, sieht hier wieder (wie schon im Beispiel der Erbinformation) die Natur als den eigentlichen Gegenstand, dem der Mensch mit seinen erbärmlich simplen sprachlichen Mitteln und seinen plumpen technischen Modellen nur unvollkommen nacheifern kann.
Damit gewinnt die Legende von der Information als Naturgegenstand allmählich ihre Konturen. Ihr Kern kehrt bei allen volkstümlichen Erzählungen wieder. Information steckt in *materiellen Strukturen von Lebewesen und Maschinen.* Dies ist selbstverständlich nicht statisch zu verstehen. Denn es geht ja weder um tote Lebewesen noch um stehengebliebene Maschinen, sondern um solche, in denen Informationen entstehen, transformiert oder verarbeitet, ausgesandt oder empfangen werden, um so die Grundlage zu bilden für alles, was in den höheren Sphären menschlicher Kommunikation, individuellen und überindividuellen Geistes bis hinein in die Wissenschaften und in die Künste mit Musik, Dichtung und bildender Kunst an Kultur überhaupt auftreten kann. Die heutigen Kulturtechniken, die das öffentliche wie das private Leben verändern, wirtschaftliche

und Machtverhältnisse verschieben und neue Welt- und Menschenbilder hervorbringen, sind nur die Ausläufer dieses allumfassenden Bebens, das in der Tiefe der materiellen Träger von Information seine letzte Grundlage hat.

Kritik der Legende: Informationen über Information

Vorbemerkung zum Kritisieren

Das Wort *Kritik* hat in der deutschen Alltagssprache nicht unbedingt einen guten Klang. Im Feuilleton begegnet der Literaturkritiker gelegentlich dem Ausbruch »Schlagt ihn tot – er ist ein Kritiker!«. »Etwas zu kritisieren« wird weithin verstanden als »etwas abzulehnen«. Der Kritiker steht im Geruch der Besserwisserei, ohne die Sache selbst besser zu können als der Kritisierte.

Hier muß daran erinnert werden, daß das griechische Ursprungswort *krinein* soviel bedeutet wie unterscheiden, urteilen. In der Philosophie hat sich dieser an die ursprüngliche, griechisch antike Bedeutung angelehnte Kritikbegriff erhalten, wie ja auch die berühmten drei Kritiken Immanuel Kants keine Ablehnungsschriften zur reinen und zur praktischen Vernunft bzw. zur Urteilskraft sind. In diesem Sinne soll hier von Kritik der Legende die Rede sein: Der Philosoph nimmt die klassische Aufgabe der Philosophie wahr und übt eine *Kritik im Prinzipiellen.* »Prinzipiell« heißt hier zunächst, bereits kritisch gesehen, nicht mehr als »anfänglich«. Es geht also bei dieser Kritik um Unterscheidungen und Urteile, die an den Anfängen von Theorien und der ihnen zugrunde liegenden historischen und aktuellen Praxen liegen. Die Kriterien, nach denen etwas ein Anfang ist – zeitlich, definitorisch, logisch oder methodisch –, sind dabei selbstverständlich zu benennen und zu legitimieren.

Bevor hier die Üblichkeiten der *Alltagssprache* und des alltäglichen Lebens im Umgang mit Information einer Kritik zu unterziehen sind, ist der soeben geäußerte philosophische Vorsatz zu bekräftigen, wo er sich auf die mathematischen, die Natur- und die Technikwissenschaften über Information bezieht: Ganz im Unterschied zu anderen Fachwissenschaften, in denen eine

Kritik von Begriffen, Theorien und Methoden, von Erkenntniszwecken und Anwendungsrisiken zum täglichen Geschäft des Fachmannes gehört, präsentieren sich die sogenannten *»exakten« Wissenschaften* wenig kritikfreundlich und -freudig.
Zwar wäre es übertrieben zu behaupten, in ihnen komme Kritik nicht vor. Sicher ereignen sich Fortschritte auch in diesen Fächern als Überwindung schwächerer Ansätze durch stärkere oder gar als Überwindung von irrtümlichen Annahmen durch richtige. Aber das Kritisieren selbst wird weder betont noch belohnt. Eine gar institutionell etablierte und von allgemeiner Wertschätzung getragene Kritik gilt in den mathematischen, den Natur- und den Technikwissenschaften nicht viel. Dort arbeitet man im Mainstream. Wer kritisiert, was die Mehrheit der Fachleute für richtig hält, gerät schnell in den Verdacht, die Sache nicht recht verstanden zu haben. Es ist geradezu die normale Reaktion eines Vertreters dieser Disziplinen auf Kritik, Elementarunterricht in den Grundlagen der kritisierten Auffassung zu erteilen.
Diese kollektive Kritikabstinenz hat einen guten oder doch wenigstens erkennbaren Grund: er liegt wohl darin, daß Kritik sich hier in Wahrheit nicht auf die objektsprachlichen Aussagen (»Ergebnisse«) dieser Fachwissenschaften bezieht, sondern auf zugrunde gelegte Philosophien, auf Selbstverständnisse und sozialpsychologisch interpretierbare Äußerungen der Gruppenzugehörigkeit zur Profession der Mathematiker oder Naturwissenschaftler. Das heißt, von einer Kritik (wie in diesem Buch) betroffen sind nicht wissenschaftliche Ergebnisse, auf die man mit Verweis auf anerkannte Methoden reagieren könnte, sondern betroffen fühlen sich Personen wegen ihrer Privatphilosophie. Deshalb soll im folgenden immer *strikt unterschieden* werden zwischen einer Kritik an mathematischen oder naturwissenschaftlichen Aussagen und einer Kritik an den philosophischen, psychologischen oder soziologischen Begleiterscheinungen. (Bedauerlicherweise sind auch wissenschaftsgläubige Fachphilosophen zu kritisieren, die nicht zwischen wissenschaftlichen Ergebnissen und ihren Begleitphilosophien unterscheiden.) Man kann dafür auch sagen: Es ist zu unterscheiden, ob objektsprachliches Fachwissen oder eine metasprachliche Philosophie (des Fachwissenschaftlers) kritisiert wird. Nach diesem Seitenblick auf den Begriff der Kritik und auf das Risiko, in den hier betroffenen Wissenschaften vor allem affektive

Abwehrreaktionen auszulösen, nun zurück zum Informationsbegriff!

Information in der Alltagssprache

Die Karriere des Informationsbegriffs im Alltagsleben ist überwältigend. Das Wort ist so geläufig wie andere Bezeichnungen für Alltagsroutine. Dabei fällt jedoch auf, daß die *Alltagssprache widersprüchlich mit der Information* umgeht – eine Bemerkung zum Deutschen, die auf die anderen Kultursprachen Europas ebenfalls zutrifft.
Wer sich etwa über Zugverbindungen informiert, ist selbstverständlich daran interessiert, die erhaltenen Informationen zu verstehen und als gültig anerkennen zu können. Kurz, *Information* (in diesem Verständnis) *hat Bedeutung und Geltung* für jeden, der sie sucht oder gibt.
Wenn sich dagegen zwei Musikfreunde darüber unterhalten, ob die gute alte Schallplatte oder die digitale CD das bessere Speichermedium sei, wird über gespeicherte oder verarbeitete Information so gesprochen, daß diese keine (Wort-)Bedeutung und (Satz-)Geltung hat. Vielmehr geht es um den Erhalt irgendwelcher Signalmengen bei Aufnahme oder Abspielen der Tonträger, bei der Beurteilung von Lautsprechern und Hörerlebnissen.
Auch andere alltagssprachliche Wendungen wie die Rede von Erbinformation wird nicht so verstanden, daß etwa ein Mensch mit einem genetisch bedingten Down-Syndrom (Mongolismus) »falsch informiert« sei – wie der Bahnkunde nach einer falschen Fahrplanauskunft.
Schließlich gibt es im Alltag Grenzfälle, in denen anscheinend offen ist, ob es sich um Information mit Bedeutung und Geltung oder ohne diese (üblicherweise an sprachliche Äußerungen gebundenen) Eigenschaften handelt. Wenn etwa auf einer Speicherkarte für Telefongebühren die bezahlten, aber noch nicht verbrauchten Einheiten gespeichert werden, erwartet der Kunde sehr wohl ein Zutreffen gespeicherter Information im selben Sinne, wie wenn ein Mensch mit Stift und Papier eine Guthabenliste führte. Aber ob sich diese Erwartung auf korrekte Speicherung des Guthabens überhaupt sprachlich (verständlich) artikuliert oder ob das System einfach »funktioniert« wie das allmähliche Austrinken einer Flasche, ist unwichtig.

Es ist also ganz offensichtlich, daß sich die *Alltagssprache* zugleich an *verschiedene Traditionen* angeschlossen hat, einmal an die Tradition *des sprachlichen Kommunizierens* (und der damit zusammenhängenden Tätigkeit des Informierens) und einmal an eine Informationstechnik mit ihren Transformations-, Codierungs- und Decodierungsverfahren, in denen es um Strukturerhalt geht, ohne daß diese Strukturen spezifisch sprachlich, sinntragend oder wahrheitsfähig wären.

Vom Alter der Widersprüchlichkeit

Nun könnten die oben erwähnten Legenden und Ikonen der naturalisierten Information Anlaß für die Vermutung geben, die im 20. Jahrhundert neu aufkeimenden Disziplinen wie die Kybernetik und die mathematische Theorie der Information (oder deren Einsatz in Biologie, Chemie und Physik) hätten den Grund für diese Zweideutigkeit gelegt. Dies ist jedoch nicht der Fall, wie ein *Blick auf die Begriffsgeschichte* zeigt.
Schon die Anfänge der lateinischen Herkunft von »Information« zeigen sich zweigeteilt. Zum einen bedeutet »informare« das handwerkliche Formen (etwa eines »gewaltigen Rundschilds« durch den Schmied in der Dichtung des Vergil); und fast gleichzeitig wird Information als Inhalt eines vollständigen Satzes (etwa bei Cicero) verstanden. Sofern man nicht an den lateinischen Wurzeln der Wörter »Information« und »informieren« hängt, ließe sich philosophiegeschichtlich noch tiefer graben. In der aristotelischen Philosophie spielt die Form als eines von drei Prinzipien der Erklärung alles Seienden ebenfalls bereits die Doppelrolle einerseits der abstrakten Form, in der etwa begriffliches Denken beurteilt wird, und andererseits die Rolle einer »Formursache« im Sinne der räumlichen Gestalt eines Stücks Marmor, die der Bildhauer erzeugt.
Problematisch ist dabei weder, wenn ein und dasselbe Wort in verschiedenen Bedeutungen gebraucht wird, noch, wenn irgendein Wort sowohl in wörtlicher wie in übertragener Verwendung vorkommt. Der Zusammenhang wird wohl (zu jeder Zeit wie heute auch) die verschiedenen Verwendungen unterschieden haben. Wo zum Beispiel gesagt wird, jemand habe in der Lotterie eine Niete gezogen, wird wohl nicht vermutet, er halte einen gepreßten Metallbolzen in der Hand. Hier entscheiden die Zusam-

menhänge über die Bedeutungen des Wortes »Niete«, das in den verschiedenen Bedeutungen sogar verschiedene sprachliche Herkünfte hat. Und wo in verschiedenen Zusammenhängen dasselbe Wort auftritt – niemand wird bei einer Argumentations*kette* nach ineinandergreifenden Metallringen suchen –, klärt problemlos der Zusammenhang, was wörtlich und was übertragen gemeint ist. Unproblematisch ist auch, wo bei Metaphern das »tertium comparationis« liegt, das Vergleichskriterium als Drittes.

Problematisch ist dagegen die *Gleichsetzung von wörtlicher und übertragener Bedeutung* von »Information« als (materielle bzw. geistige Formung), wie sie – wie könnte es auch anders sein – durch einen Klassiker auf den Weg gebracht wurde, in diesem Falle durch den Klassiker der neuzeitlichen Philosophie, René Descartes. In seiner Schrift über die »Gründe, die den Unterschied zwischen der Existenz Gottes und der Seele zur Existenz des Körpers beweisen« (Rationes dei existentiam & animae a corpore distinctionem probantes, R. Descartes, Œuvres, 1964) findet sich die Auffassung, daß bei der menschlichen Sinneswahrnehmung eine Formung des Geistes durch eine dem Gehirn aufgeprägte räumliche Formung vonstatten gehe. Hier liegt die Quelle eines *Körper-Geist-Problems*, das für die Naturalisierung der Information bis heute eine entscheidende Rolle spielt.

Die deutsche Alltagssprache ist durchtränkt von der kartesischen Philosophie der Zweiteilung in das Materielle und das Geistige. In der materiellen Welt der »res extensa« setzt sich Wirkung kausal durch Druck und Stoß fort. Wo etwas »Eindruck« auf uns macht, sich uns »einprägt«, wo »Reize« (etymologisch von »ritzen«) Reaktionen auslösen wie beim Stoß zweier Billardkugeln nach dem Newtonschen Prinzip »actio = reactio«, nützen wir das Bild von der mechanischen Verdrängung von Körpern durch Körper – und zwar weit weniger metaphorisch als in den Wendungen des Verdrängens bei Sigmund Freud. Descartes, der hier Auffassungen der Scholastik weiterführt, ist also der Patron der Reduktion des Geistigen auf das Materielle, vor allem wo es um eine naturwissenschaftliche Erklärung von Erkenntnisleistungen des Menschen geht.

In den Zeitensprung von rund 300 Jahren zwischen Descartes und der »mathematischen Theorie der Kommunikation« von C. Shannon und W. Weaver (1949) fällt ein gewaltiger Fortschritt der Naturwissenschaften. Er beginnt mit der klassischen Physik, die zu einem mechanistischen Programm für die gesamten Naturwissenschaften führt. Die Naturwissenschaften integrieren die physiologische Erforschung des Menschen, etwa der menschlichen Sinne, in die Physik.

Über einen kulturhistorisch ohne jeden Vergleich bleibenden Erfolg im 19. Jahrhundert geraten allerdings die Naturwissenschaften in umfassende Grundlagenkrisen: In diesem Jahrhundert werden Grundbegriffe und Grundsätze aller erfolgreichen Disziplinen fragwürdig. Grundorientierungen brechen zusammen, etwa wo mechanische und elektrodynamische Gesetze unverträgliche Transformationseigenschaften zeigen, wo statistische neben deterministische Beschreibungen treten, wo die Zweiteilung der Stoffwissenschaft Chemie in organisch und anorganisch haltlos wird, wo in der Evolutionsbiologie die Entstehung und Veränderung des Lebens dem Schema der Kausalerklärung unterworfen wird, ja wo selbst die über zweitausendjährige Gewißheit bezüglich der gewissesten aller Theorien, der Geometrie Euklids, durch nichteuklidische Gegenentwürfe fraglich wird.

Je nach Perspektive auf das 19. Jahrhundert als Jahrhundert der Naturwissenschaften treten eher die unbestrittenen Erfolge empirischer Wissensvermehrung oder eher die Probleme ungeklärter Grundlagen in den Vordergrund. Entscheidend für die Naturalisierung der Information wird, daß in den Fachwissenschaften der Mathematiker und Naturforscher ein Problembewußtsein entsteht, das keinen Kontakt mehr zur akademischen Philosophie findet. Wo man Kant noch als den Philosophen zur Physik Newtons interpretieren konnte, sind die Naturphilosophien von Fichte, Schelling und Hegel Naturforschern nur noch Anlaß zur Abgrenzung.

Die Erschütterungen schließlich, die von den Grundlagenkrisen in Mathematik und Logik einerseits, vom Umbruch der Leitdisziplin Physik (Relativitätstheorien, Quantenphysik) Anfang des 20. Jahrhunderts andererseits ausgehen, rufen einen neuen Typ Philosophie auf den Plan. Heute als *Wissenschaftstheorie* bezeichnet, entsteht sie zunächst als eine Besinnung der mathematischen und naturforschenden Experten auf die sprachlichen und logischen Formen der revolutionären mathematischen Naturwissenschaften. Das eindrucksvolle Programm einer Einheitswissenschaft im Logischen Empirismus des Wiener Kreises (in den 20er Jahren des 20. Jahrhunderts) wird als kraftvolle Revision interpretiert, nunmehr alle Wissenschaften auf die Prinzipien der Physik zu verpflichten – zunächst als ein Sprachenprogramm: Das Ockhamsche Rasiermesser zur chirurgischen Amputation aller überflüssigen Metaphysik setzt an der Sprache der Physik an. Was nicht auf sie, definitorisch oder über experimentell geprüfte Kausalerklärungen, zurückgeführt werden kann, soll keinen Platz mehr im Himmel der Wissenschaften haben.

Das heißt für den Begriff der Information, in groben Strichen skizziert: Eine knapp zweitausendjährige Geschichte eines wörtlichen und eines übertragenen, metaphorischen Redens von *Form und Inhalt* wird im 17. Jahrhundert transformiert zum Programm, den Inhalt (der Wahrnehmung, des Denkens) durch die Form (des materiellen Trägers) zu erklären. Und der Enthusiasmus des erfolgreichen 19. Jahrhunderts in den Erfahrungswissenschaften wird über die Sprachform der Physik mit ihren mathematischen Theorien zum Forschungsprogramm des Ersetzens, der Reduktion. Herkömmliche Begriffe und Theorien des Geistigen und Kultürlichen sollen ersetzt werden durch die Sprache der Naturwissenschaften und ihre Perspektive auf das Natürliche als das Materielle.

Die ahnungslosen Sprecher der deutschen Alltagssprache, die Information einmal mit und einmal ohne Anspruch auf Bedeutung und Geltung verstehen, sind Opfer von Philosophien, die in die Alltagssprache abgesunken sind. *Diese Philosophien* also, und nicht etwa nur die philosophische Sorglosigkeit von Nachrichtentechnikern oder Kybernetikern, sind es, die eine Naturalisierung der Information in Gang bringen. Diese Philosophien und ihre Prinzipien bilden eine Erblast, die als neue Formen des Verständnisses der Naturwissenschaften, als neue Auffassungen ihrer mathematischen Sprache und als neue Mechanisierung der Kommunikation entstehen. Sie sollen im nächsten Kapitel als die wirksamen Erblasten für die Naturalisierung der Information vorgestellt werden.

2 Erblasten

Die Naturalisierung der Information, so die zu begründende These, ist nicht ein historisch oder systematisch isoliertes Programm oder Ereignis, sondern hängt mit verwandten Entwicklungen in den Naturwissenschaften, der Mathematik und der Technik (als Erblasten) zusammen. Diese sollen jetzt als Naturalisierung der Naturwissenschaften, als Formalisierung der Theorie und als Mechanisierung der Kommunikation behandelt werden. Dazu eine Vorüberlegung, wie es gleichsam naturwüchsig zu grundlegenden Verschiebungen in den Selbstverständnissen von Wissenschaften kommen kann:

Keine Wissenschaft wie die Arithmetik, die Mechanik und die Elektrotechnik (als drei für die Informationstechniken wichtige Disziplinen) kann man erlernen und forschend betreiben, indem man sich allein auf die *objektsprachlichen* Sätze dieser Disziplinen beschränkt. (Objekte dieser Disziplinen sind etwa Zahlen und Operationen mit Zahlen in der Arithmetik, Körper, Bewegungen und Kräfte in der Mechanik oder Schaltungen, Ströme und Funktionen in der Elektrotechnik; objektsprachliche Sätze sind damit solche über diese Objekte, also die fachwissenschaftlichen Ergebnisse im engsten Sinne.) Aber schon das einfachste Lehrbuch enthält, für ein Verständnis des Textes unverzichtbar, auch *metasprachliche* Bezeichnungen (und entsprechende Sätze) wie Prinzip, Axiom, Definition, Beweis, Lehrsatz, Messung, Experiment, System, Leistung und andere.

Arithmetische, mechanische oder elektrotechnische Lehrmeinungen setzen sich also, von ihrer sprachlichen Darstellung und deren Gegenständen aus gesehen, *mindestens* aus den *zwei Sorten von Sätzen* zusammen, die man – noch sehr vage – als Sätze über den Gegenstand und über die Methode dieser Fächer bezeichnen kann. Aber auch darin erschöpft sich eine Wissenschaft, die nur als ganze studiert und praktiziert werden kann, nicht.

Wer nicht völlig verständnislos die objektsprachlichen Ergebnisse und ihre metasprachlichen Klassifikationen vor sich sehen möchte, *muß sich auf die jeweiligen Philosophien einlassen*, in die diese Wissenschaften eingebettet sind. Wer sich z. B. nicht darüber empören möchte, daß Mathematik (heute) formal-axiomatisch, also in Gestalt erster, unbegründeter, mit undefinierten

Ausdrücken daherkommender Satzformen anhebt, muß begleitend die Spezialphilosophie akzeptieren, die genau diese Präsentation der aktuell besten Theorien empfiehlt. Das heißt, man muß *Formalist* werden.

Wer sich nicht darüber empören möchte, daß all seine Fragen nach der Geltung physikalischer Ergebnisse immer ausgehend von der Unterstellung beantwortet werden, daß es sich um die aktuell bestmöglichen Ergebnisse handelt, die sich einem Prozeß mühsamer empirischer Entdeckungsarbeit verdanken, muß die Spezialphilosophie der Physiker schlucken. Das heißt, man muß *Empirist* werden.

Und wer sich nicht darüber empören möchte, daß er mit einer Theorie der elektrischen Netzwerke konfrontiert wird, die (schaltungstechnische) Strukturen elektrischer und elektronischer Geräte durch ihre Funktionen bestimmt, die Funktionen aber durch die Geräte-Strukturen erklärt und damit eine zirkuläre Antwort gibt, muß sich eine einschlägige Philosophie gefallen lassen. Das heißt, man muß ein gläubiger *Systemtheoretiker* werden. Kurz, keine mathematische, Natur- und Technikwissenschaft kann verstanden, gelernt und betrieben werden, es sei denn als etablierte Lehrmeinung zusammen mit einer spezifischen, herrschenden Philosophie.

Problematisch sind diese Verhältnisse in den sogenannten exakten Wissenschaften deshalb, weil die Spezialphilosophien, die für ihr Verständnis unerläßlich sind, selbst nicht mehr begründet, ja meistens nicht einmal expliziert werden. Sie haben mehr den Charakter sozialpsychologischer Duftmarken, nach denen die Zugehörigkeit zu einem Fach, genauer zu einer »community« bestimmt wird. Man wird eben kein zünftiger Mathematiker, Physiker oder Techniker dadurch, daß man bestimmte objektsprachliche Theorien kennt oder bestimmte Ergebnisse anerkennt, sondern am Ende dadurch, daß man sich einer bestimmten main-stream-philosophy des Faches unterwirft. Diese »Unterwerfung« ist ein unerläßlicher Teil der Wissenschaftlerbiographie, die durch diffuse Mechanismen des Einsozialisierens und nicht zuletzt des Ausklammerns kritischer Fragen ergriffen und durchlaufen wird.

Vielleicht hat sich der Leser bei Lektüre des ersten Kapitels bereits gefragt, auf welche Autorität sich die Respektlosigkeit stützen mag, von Legenden zu sprechen, wo es doch um die angesehenen Naturwissenschaften und ihren Anspruch auf Zuständigkeit für Information geht. Jetzt zeigt sich eine erste Antwort: Die philosophische Kritik, die hier an der Legende vorgetragen werden soll, hat nicht die These im Auge, die Fachwissenschaften hätten ungültige Ergebnisse. *Nicht einzelne fachwissenschaftliche Sätze oder Theorien sollen als falsch ausgewiesen werden, sondern die zugehörigen Spezialphilosophien.* Dem Gegenstand dieses Buches entsprechend sind es die Spezialphilosophien, die für das aktuelle Mißverständnis von Information am wichtigsten wurden.

Wer hat die Naturwissenschaften naturalisiert?

Die Frage nach der Naturalisierung der Naturwissenschaften scheint paradox. Besagt doch schon ihr Name, daß diese Wissenschaften die Natur zum Gegenstand haben. Was also soll es dann bedeuten, sie zu naturalisieren? Oben wurde »Naturalisierung« von Information so bestimmt, daß Information primär oder exklusiv Gegenstand der Naturwissenschaften sein solle; konsequent bedeutet dann die Naturalisierung der Naturwissenschaften, diese selbst zum Gegenstand der Naturwissenschaften zu machen. Wie dies geschehen kann, ist jetzt zu klären.

Läßt man die »neuzeitliche Physik« mit der Astronomie von Johannes Kepler und der Mechanik von Galileo Galilei und Isaak Newton beginnen, weil sie sich von den Prinzipien der Aristotelischen Naturphilosophie abgelöst haben, so findet sich die Naturalisierung schon in den ersten Schritten der neuzeitlichen Physik. Ein wichtiges Kennzeichen der neuen Entwicklung ist, daß gerätegestützte Beobachtungen und Messungen (Tycho Brahe, Johannes Kepler) und Experimente (vor allem Galilei) veranstaltet wurden. Hieran sind auch schon die ersten Schritte einer philosophischen Katastrophe sichtbar: Galilei mißversteht die Funktion seiner Experimentiergeräte als Ausdruck der Natur und ihrer Gesetze. Wo Aristoteles (auch heute noch problemlos nachvollziehbar) das Natürliche vom Künstlichen (griechisch: vom Technischen) unterschieden hat dadurch, daß letzteres durch planvolles, zweckmäßiges menschliches Handeln hervorgebracht wird, während ersteres Grund und Anfang aller Eigenschaften und Veränderungen in sich selbst trägt, mißversteht die neuzeitliche Physik von Galilei an ihre empirischen Resultate als Eigenschaften des Natürlichen, die auf natürlichem Weg, nämlich

durch die in den Instrumenten wirkenden Naturgesetze, erkannt werden.
Eine philosophische Katastrophe stellt dieses Mißverständnis dar, weil damit die unerläßlichen Bedingungen des physikalischen Erkenntnisgewinns übersehen, ja aus dem philosophischen (Selbst-) Verständnis der Naturwissenschaften vollständig verbannt werden. Obwohl in den letzten vierhundert Jahren noch kein Naturforscher bestritten hat, daß Experimente, Messungen und Beobachtungen nur dann Ergebnisse vorweisen können, wenn die verwendeten Instrumente »richtig«, d. h. wie gewünscht, funktionieren, ist diese *Zweckmäßigkeit der technischen Forschungsmittel* tabuisiert worden.
Die Ahnengalerie der Naturalisierungsschritte beginnt also beim Mißverständnis, *Instrumente als Naturgegenstände* zu betrachten, deren Funktion allein durch die in ihnen wirkenden Naturgesetze kausal bestimmt ist. Dabei ist freilich übersehen worden, daß gestörte Instrumente, die keine brauchbaren Erfahrungsergebnisse produzieren, *denselben Naturgesetzen unterliegen* wie ihre nützlichen, ungestörten Exemplare. Also können die in den Erkenntnismitteln (Instrumenten) der Naturwissenschaften »wirkenden Naturgesetze« gerade den Unterschied von gestört und ungestört nicht bestimmen und deshalb nicht begründen, warum mit ihnen Erkenntnisse gewonnen werden. Am einfachen Beispiel: eine defekte Uhr liefert keine brauchbaren Meßergebnisse, obwohl sie denselben »Naturgesetzen« (etwa über die Oszillation eines Quarzes) unterliegt wie die ungestörte Uhr. (Dies erkennt man u. a. daran, daß die Störung nach diesen Gesetzen »erklärt« und behoben wird.)
Dies zu verkennen ist also der klassische Fehler der Naturalisierung, die nun näher bestimmt ist: Die Physik taugt nicht zur eigenen Erkenntnistheorie; die unverzichtbaren (technischen) Erkenntnismittel (Beobachtungs- und Meßinstrumente; Experimentiervorrichtungen) der Physik werden irrtümlich selbst als Naturgegenstände betrachtet und damit exklusiv mit Mitteln der Physik zu erklären versucht. In Wahrheit ist aber die Störung eines Laborinstruments eine Verfehlung des Zwecks, den der Experimentator (und Konstrukteur und Hersteller des Instruments) verfolgt.
Die Geschichte der Naturalisierung macht nach dem 17. Jahrhundert einen gewaltigen Sprung im Selbstverständnis der Physik durch den Physiker Heinrich Hertz. Das (auch von Philoso-

phen) vielzitierte Vorwort seiner »Prinzipien der Mechanik« (1894) präsentiert die Auffassung, von der man aufgrund ungezählter Indizien vermuten darf, daß sie auch noch von den allermeisten heutigen Physikern geteilt wird:

Hertz, der den Begriff des Modells als erster in die Naturwissenschaften einführt, versteht Naturerkenntnis als empirische, experimentelle Forschung mit dem Ziel, »innere Scheinbilder oder Symbole der äußeren Gegenstände« zu machen, und zwar »von solcher Art, daß die denknotwendigen Folgen der Bilder stets wieder Bilder seien von den naturnotwendigen Folgen der abgebildeten Gegenstände«. Die *Abbildung natürlicher Kausalverhältnisse in Denkverhältnisse* – so die philosophische Forderung von Hertz – muß »erfüllbar« sein. Und gerade hier lauert für die Physik die bis heute kaum erkannte und gewürdigte Naturalisierung zweiter Stufe. Hertz fährt fort: »Damit diese Forderung überhaupt erfüllbar sei, müssen gewisse Übereinstimmungen vorhanden sein zwischen der Natur und unserem Geiste.«

»Naturalisierung« (zweiter Stufe, mit explizit erkenntnistheoretischem Zuschnitt) heißt seit Hertz also, *der Mensch kann Natur erkennen, weil sein Geist von Natur aus entsprechend eingerichtet* ist. Was erst sehr viel später in der sogenannten evolutionären Erkenntnistheorie (Konrad Lorenz, Gerhard Vollmer) selbst für einen Gegenstand der Naturwissenschaft gehalten wird, nämlich ein durch die natürliche Evolution gebildetes menschliches Erkenntnisvermögen, ist hier von Hertz in aller Klarheit vorgezeichnet.

Man darf sich fragen, aus welchen Quellen oder Gründen ein Physiker solche Meinungen über den menschlichen Geist schöpft. Die Antwort von Hertz: »Die Erfahrung lehrt uns, daß die Forderung erfüllbar ist und daß also solche Übereinstimmungen in der Tat bestehen«, also die im vorausgehenden Satz genannten Übereinstimmungen »zwischen der Natur und unserem Geiste«.

Entgangen ist Hertz offensichtlich, daß diese Art von Erfahrung eine *historische*, also bestenfalls geisteswissenschaftlich zugängliche, aber *keine naturwissenschaftliche* ist. Die durch Messung und Experiment gemachten Erfahrungen des Physikers können nicht noch einmal auf der nächsten Stufe durch Messung und Experiment auf ihre Übereinstimmung mit unserem Geist kontrolliert werden. Als historische Erfahrung (nämlich als Erfolg der Physik) aber müßte sie erläutert und begründet werden (nach welchen und wie ausgewählten Kriterien ist die Physik erfolgreich?) – oder sie wird nur dogmatisch behauptet.

Die Naturalisierung der Physik bei Hertz besteht also darin, *die Natur als Ursache für ihre eigene Erkennbarkeit* zu behaupten. Und sie verschiebt sich von der Naturalisierung durch Galilei (einer Meinung über die Natürlichkeit der Instrumente) auf die Natürlichkeit des menschlichen Geistes, also auf das Handlungssubjekt des Forschers. Sie wird zum Geltungsgrund der erfolgreichen Physik. Nach Hertz ist *die Methode der Physik* empirisch; *der Gegenstand der Physik* ist die vom Menschen unabhängig vorhandene Wirklichkeit, bestehend aus »den äußeren Gegenständen« mit ihren »naturnotwendigen Folgen«; und *der Geltungsgrund* physikalischer Erkenntnisse ist eine naturgesetzliche Übereinstimmung von Wirklichkeit und Geist. Bei Hertz übernehmen damit (1) *der Realismus* die Rolle der Gegenstandsbestimmung, (2) *der Empirismus* die Rolle der Methodenwahl und (3) *der Naturalismus* die Rolle des Geltungsgrundes der Naturwissenschaften. Auf diese Erkenntnistheorie als Erblast wird bei der Beurteilung des modernen naturalisierten Informationsbegriffes zu achten sein.

Durchschlagend ist die *Dreiteilung der Naturerkenntnis* bei Hertz dadurch, daß er das Abbilden der Natur *in den Geist* annimmt, der sich seinerseits *erst dann sprachlich* auszudrücken hat. Hertz unterscheidet die »Theorie« von der »Darstellung der Theorie«: Theorie ist nach Hertz etwas Mentales, Geistiges. Nur die »Darstellung der Theorie« ist etwas Sprachliches, besteht aus mathematischen Formeln, aus Wörtern, Sätzen und Satzsystemen. Nur dort hätten Zweckmäßigkeit und Sparsamkeit der Wahl von Begriffen ihren Sitz; sie dienen der Beurteilung des »Wertes der Darstellung physikalischer Theorien« (im Unterschied zum »Wert der Theorie«). Die geistigen Bilder selbst (also die Theorie) sind richtig oder nicht – was »eindeutig mit ja und nein entschieden werden« kann, »aber nur nach dem Stande unserer gegenwärtigen Erfahrung und unter Zulassung der Berufung an spätere reifere Erfahrung.«

Die Erblast für die Naturalisierung der Information lautet also: Nach dem antiaristotelischen Mißverständnis der Mechanik im 17. Jahrhundert durch Galilei wird die Physik naturalisiert durch eine Abbildtheorie der Erkenntnis, in der die Entsprechung von Natürlichem und Geistigem das Kriterium der Richtigkeit abgibt. Demgegenüber bleiben die sprachlichen Formulierungen physikalischen Wissens sekundär. Hertz hat damit ein *Drei-Ebenen-Modell der Naturerkenntnis* hinterlassen: Die drei Ebenen werden gebildet durch etwas Reales, etwas Mentales und etwas Linguales, also etwas Wirkliches, etwas Geistiges und etwas Sprachliches. *Diese Dreiteilung wird zur Falle für den Informationsbegriff im 20. Jahrhundert, etwa in der Zeichentheorie* (vgl. S. 40 f.).

Wer hat die Theorie formalisiert?

Im 19. Jahrhundert ereignen sich gleichzeitig zu vielen unüberschaubaren Wechselwirkungen zwischen einzelnen Wissenschaften auch in der Mathematik zahlreiche Umbrüche wie die Entwicklung der Mengenlehre durch Georg Cantor, die Entwicklung der nicht-euklidischen Geometrien (nach Carl Friedrich Gauß durch Nikolai Iwanowitsch Lobatschewskij, János Bolyai) und ihre empiristischen Interpretationen (Bernd Riemann, Hermann v. Helmholtz). Grundbegriffe und Axiome der Geometrien werden Gegenstand von Diskussionen, die auch Folgen für ein Theorienverständnis in der Physik haben. Diese Überlegungen können nicht mit innermathematischen oder -physikalischen Argumenten bestritten werden, sondern sind philosophischer Natur.

Gottlob Frege erfindet eine Begriffsschrift und wird zum Vater der modernen Logik, in deren Kontext er die Frage nach der Bedeutung grundlegender mathematischer Grundbegriffe (wie Zahl oder Funktion) aufwirft. In den Philosophien von Ludwig Wittgenstein (der sich in seinem »Tractatus logico-philosophicus« explizit auf die Abbildtheorie von Hertz bezieht!) und Bertrand Russell (»Logischer Atomismus«) entsteht schließlich das Programm, das für die Wissenschaftstheorie des Logischen Empirismus (vertreten durch den »Wiener Kreis«) leitend wird. Sie bestimmt die philosophischen Auffassungen zur Mathematik und zur Physik im 20. Jahrhundert. (Die Abweichungen des Kritischen Rationalismus Karl Poppers, gegen das induktive Vorgehen der Logischen Empiristen ein deduktives, auf Falsifikation abstellendes Verfahren zu setzen, sind demgegenüber marginal.)

Der entscheidende Impuls für das Verständnis der *Wissenschaftssprache* im 20. Jahrhundert kommt von einem, ja von dem führenden Mathematiker Deutschlands (und der damaligen mathematischen Welt): David Hilbert. Hilbert dekretiert in einer programmatischen Festlegung, daß sich die Mathematik aus den philosophischen Querelen und Grundlagenproblemen des 19. Jahrhunderts nur dadurch befreien kann, daß sie sich als *Strukturwissenschaft* versteht. Nur noch die (logische) *Form* von Axiomen und Lehrsätzen, nicht mehr der (semantische oder empirische) *Inhalt* mathematischer Ausdrücke soll Gegenstand der Wissenschaft Mathematik sein. Das einzige Geltungskriterium, das die Mathematik verpflichtet, wird damit die logische Widerspruchsfreiheit. Die Philosophie der Mathematik, als Metamathematik oder Beweistheorie qualifiziert, soll selbst wieder allein mit mathematischen, also rein formalen Mitteln betrieben werden.

Hilbert hat damit, zumindest scheinbar, einen kraftvollen Befreiungsschlag für die Disziplinen Logik und Mathematik gegenüber allen philosophischen Grundlagenproblemen geführt. Nur scheinbar deshalb, weil Fragen nach der Definition etwa geometrischer Grundbegriffe (Hugo Dingler), den Reichweiten beweistheoretischer Mittel (Kurt Gödel) oder Entscheidungen zwischen konkurrierenden Logiken (Paul Lorenzen) damit nicht beantwortet (und nicht zu beantworten) waren. Mathematik und Logik waren damit formalisiert, und formalistische Mathematiker bildeten sich sekundär dazu wieder ihre eigene Glaubensgemeinschaft bezüglich des neuen, wissenschaftlichen Charakters der Formalwissenschaften. *Der Formalismus ist eine weitere Erblast* neben Naturalismus, Empirismus und Realismus (im Sinne von Hertz). Selbstverständlich versteht sich der Formalismus selber nicht als Erblast, sondern präsentiert sich selbstbewußt und dogmatisch, nämlich als reine Setzung, als Programmbeschluß zur Beschränkung von ansehnlicher Mathematik und Logik auf das Formale.

Die Legende von der Naturalisierung der Information kommt nicht ohne diesen Schwenk zum Formalismus aus. Die Frage nach einer inhaltlichen Bedeutung von Grundbegriffen einer Theorie (salopp nach der »Semantik«) und damit nach einem Realitätsbezug gilt seit Hilbert nicht mehr als wissenschaftlich. Mehr noch, der faktisch-historische Gang der Mathematik mit seiner formalaxiomatischen Programmatik führt allmählich zu der Populärmeinung, eine explizite Bestimmung von Grundbegriffen einer (exakten, axiomatisch aufgebauten) Theorie sei prinzipiell unmöglich. Axiome seien (syntaktisch, d. h. von der Zusammen-

setzung der Theorie aus Sätzen her gesehen) die *ersten* Sätze und würden deshalb die in ihnen enthaltenen Terme (Zeichen für Grundbegriffe) »implizit definieren«, d.h. durch ihren (wieder syntaktischen) Zusammenhang in den Axiomen hinreichend in ihrem Gebrauch einengen und festlegen. Begriffsbestimmungen von Grundbegriffen, die den Axiomen *vorausgehen* – wie immerhin in den prominenten Theorien von Euklid und Newton versucht –, galten als überflüssig oder unrealisierbar; und entsprechend war eine *Begründung von Axiomen* (die selbstverständlich in anderen Verfahren als einer logischen Ableitung aus Axiomen bestehen muß) als Möglichkeit dogmatisch ausgeschlossen. Diese Zusammenhänge sind selbst innerhalb der aktuellen Philosophie und Wissenschaftstheorie derart unbekannt oder unverstanden, daß sich das »Münchhausentrilemma« (Hans Albert) weithin als erkenntnistheoretische Vulgärmeinung zu Fragen der Theorie- oder Wissensbegründung durchsetzen konnte.
Schon hier sei darauf verwiesen, daß sich die (nachrichtentechnische) Theorie der Information bei Shannon und Weaver als »mathematische« präsentiert und daß der Vater der Kybernetik, Norbert Wiener, Mathematiker ist. An beiden Ansätzen wird die Kombination von Formalismus und Empirismus zu besprechen sein. Doxographisch wirksam wird, vor allem an der historischen Entwicklung der Geometrie, die Trennung in eine formale (mathematische) und in eine empirische (physikalische) Geometrie. Diese Trennung ist die Säule, auf der die Wissenschaftstheorie des 20. Jahrhunderts aufruht. Sie ist die Auffassung, zu der sich Albert Einstein bekennt, etwa in einem bis heute oft zitierten Vortrag über »Geometrie und Erfahrung« (1921): »Insofern sich die Sätze der Mathematik auf die Wirklichkeit beziehen, sind sie nicht sicher, und insofern sie sicher sind, beziehen sie sich nicht auf die Wirklichkeit.« Dieses Bekenntnis Einsteins ist ein Angelpunkt auch für die Philosophie des Logischen Empirismus, wie ihr führender Kopf, Rudolf Carnap, noch 1956 betont: »Die mathematische Geometrie ist apriorisch. Die physikalische Geometrie ist synthetisch. Keine Geometrie ist beides. Wenn man den Empirismus akzeptiert, dann kann es kein Wissen geben, das sowohl apriorisch als auch synthetisch wäre.«
Was hier am Beispiel der Geometrie als die beiden möglichen Wissensformen unterschieden wird, gilt nach dieser Auffassung

für jedes wissenschaftliche Wissen, also auch für jede Theorie der Information.

Wer hat die Kommunikation mechanisiert?

Die Geschichte der dritten Erblast ist weniger offenkundig, weil sie sich zunächst nicht im Bereich der Wissenschaften oder der Philosophie abspielt, sondern in der Technikentwicklung. Sie betrifft die Mechanisierung des gesprochenen Wortes in menschlicher Kommunikation.

Im Unterschied zu einer übertragenen Bedeutung heißt *mechanisch* im wörtlichen Sinne, was als Bewegung oder Verformung von Körpern unter dem Einfluß von Kräften geschieht. Es geht auf das griechische Verbum mechanastai zurück, was soviel bedeutet wie »eine List ersinnen« oder eine List einsetzen. Die »List« war ursprünglich zur Überlistung der Natur in der Theatertechnik gedacht. Sollte etwa in einer Komödie die Figur des Zeus auf einer Wolke einschweben, waren dafür entsprechende bühnentechnische Vorrichtungen mit Seilzügen usw. erforderlich – der »*deus ex machina*«, der Gott aus der (Theater-)Maschine. Gut aristotelisch, also noch nicht durch den Naturalismus von Galilei verdorben, ist demnach unter *Mechanisierung des Kommunizierens* zu verstehen, daß dem gesprochenen Wort unter Einsatz technischer Hilfsmittel (Vorrichtungen, Apparaten, Geräten) beizukommen versucht wird. Die historischen Beispiele liegen auf der Hand: Sprechapparate wie der »Phonograph« (später Grammophon) von Thomas A. Edison und das Telefon von Philipp Reis.

Aus heutiger Perspektive ist es nicht einfach, den umwälzenden Charakter zu verstehen, den diese beiden Erfindungen hatten. Wir sind heute umgeben von einer technischen Zivilisation mit Telefon, Anrufbeantworter, Musikkonserven verschiedener Konstruktionsprinzipien, mit Diktiergerät und elektronischem Notizbuch im Format einer Scheckkarte oder eines Kugelschreibers usw. Im Navigationssystem, das dem Autofahrer, eventuell sogar auf gesprochenen Befehl hin, akustisch Anweisungen gibt, wird sogar ein situationsabhängig sprechender und wissender, nämlich den eigenen Standort und den günstigsten Weg zum vorgegebenen Ziel kennender Automat ein Gebrauchsgegenstand des täglichen Lebens. Deshalb muß man sich erst in eine Situation etwa Mitte des 19. Jahrhunderts hineindenken, in der das gesprochene Wort seit jeher die flüchtigste Hervorbringung des Menschen war.

Der Phonograph, den Edison 1877 erfand und entwickelte, realisiert einen Einfall, der sich auf kein natürliches Vorbild berufen kann. Es ist etwas prinzipiell Neues und vollkommen Künstliches, menschliche Rede durch mechanische Umwandlung zu eingeritzten Spuren auf einer Zinnfolie zu machen und zu konservieren, um diese »Aufnahme« durch Abspielen zu reproduzieren. Dadurch wird ein flüchtiges Ereignis, dessen Vergänglichkeit in der Redewendung »Schall und Rauch« exemplarisch wird, zu einem technisch beliebig und stets von neuem verfügbaren Gegenstand. Dieses Verfügen hängt nicht mehr von der räumlichen oder zeitlichen Gegenwart des Sprechers ab. *Das gesprochene Wort wird zum bleibenden Ding, das durch Raum und Zeit transportiert werden kann.* Der revolutionäre Charakter dieser technischen Neuerung steht nicht hinter der Verschriftung gesprochener Sprache zurück, ja übertrifft sie noch wegen der Authentizität des Sprechers in einer bestimmten, unwiederbringlichen Situation. Beide Kulturtechniken (zur Verschriftung der Sprache vgl. S. 165 f.) revolutionieren vollständig den Umgang mit sprachlichen Gegenständen.

Dabei ist es nicht unerheblich, daß der Apparat, der zur Konservierung und Reproduktion menschlicher Rede dient, zunächst ein rein mechanischer ist. Die elektrischen und dann elektronischen Verbesserungen zur heutigen *high fidelity*-Technik sind eben nur technische Perfektionierungen des mechanischen Prinzips, Schallereignisse als Luftdruckschwankungen durch physikalisch vollständig beherrschbare raumzeitliche Veränderungen in der Körperwelt zu Tonkonserven zu machen, beliebig zu produzieren und zu nutzen.

Es gibt eine auffällige Ähnlichkeit von Edisons Erfindung mit dem Telefon: Wie der Phonograph und seine modernen Nachfolger (wegen der Aufnahmefähigkeit das Tonband- und Diktiergerät, nicht aber der Platten- oder CD-Spieler als reine Abspielgeräte) die Verfügbarkeit des gesprochenen Wortes vom Sprecher und dessen unmittelbarem Vollzug des Redens ablösen, so löst auch das Telefon (1863 von Philipp Reis erfunden und 15 Jahre später von dem Schotten Alexander Graham Bell alltagstauglich gemacht und patentiert) das Zwiegespräch von der vis-à-vis- oder face-to-face-Situation der Kommunikanten ab. Die beiden Teilnehmer eines Zwiegesprächs teilen zwar zeitlich die gemeinsame Sprechsituation, nicht aber räumlich – mit allen Umständen des gemeinsamen Handlungszusammenhangs bis hin zum Blickkontakt. Hier wird nicht *das Sprechen vom Sprecher*, sondern *das Kommunizieren* von der üblichen, vortechnischen Situation der *persönlichen Präsenz und raumzeitlichen Gemeinsamkeit der Kommunikanten* abgelöst. Um sich den Unterschied klar vor Augen zu führen, möge man die Gründe bedenken, warum wir via Telefon nicht sprechen lernen könnten: Es fehlte die Möglichkeit des Verweises auf anwesende Personen, Dinge, Vorgänge usw. durch hinweisende Gesten.

Hier spielt es keine Rolle, daß die Telefonie genauso wie die Mitte des 19. Jahrhunderts entwickelte Telegrafie mit dem Morsealphabet erst unter Einsatz der Elektrizität in Gang kommt. Die Vorläufer mechanischer Telegrafie und das Schnurtelefon als Kinderspielzeug weisen darauf hin, daß der Transport des Sprechens durch den Raum prinzipiell ebenfalls mechanisch möglich ist.

Der Übergang von »mechanisch« im wörtlichen zu einem übertragenen Sinn läßt sich exemplarisch am Einsatz der Elektrotechnik und Elektronik erläutern: *Die Mechanisierung des gesprochenen Wortes und der Kommunikation* im übertragenen Sinne bedeutet, daß sie allein und ausschließlich technisch, d. h. nach physikalischen Gesetzen kausal beherrscht und (durch Zeit und/oder Raum) transportiert werden.

Es ist zumindest psychologisch verständlich, daß bei der enormen technischen Leistungsfähigkeit der Geräte, mit denen heute das gesprochene Wort technisch verfügbar wird, die Mechanisierung des Redens *durch Reduktion auf ein Geräusch*, auf Schallereignisse, also letztlich auf Luftdruckschwankungen übersehen oder für unwichtig gehalten wird. Dies mag eine Geschichte illustrieren, die schon von den Präsentationen des Phonographs durch Edison berichtet wird: Man hielt die Vorführung des Apparats für einen Zaubertrick, eine Art Jahrmarktsattraktion, bei der ein Bauchredner die vorher in den Apparat hineingesprochenen Worte wiederholt, so ungewohnt war der unerhörte Gedanke, ein Stück spezifisch menschlichen Lebensvollzugs repetieren zu können – viel mehr übrigens als später bei Kino und Tonfilm, die ja immer schon als Abbildungen wahrgenommen wurden, sozusagen als die Fotografien, die Laufen und Sprechen lernten.

Der besondere Hinweis auf das Ungewohnte und Revolutionäre, das sich in der Mechanisierung des gesprochenen Wortes findet, soll als besondere *Erblast der Mechanisierung der Kommunikation* ein Mißverständnis deutlich machen, *das Mißverständnis* nämlich, daß der Phonograph selber »spricht«. (Man lese dazu noch einmal das obige Beispiel vom Navigationsgerät im Auto durch, das allgemeinverständlich auf die Wörter sprechen, wissen und erkennen zurückgreift und damit etwas in der heutigen deutschen Alltagssprache Selbstverständliches in Anspruch nimmt.)

Die Meinung (oder wenigstens der saloppe Sprachgebrauch), die sich an die *Mechanisierung der Rede* anschließt, besteht in der falschen Einschätzung der Apparate im Sinne einer *Gleichsetzung mit menschlichen Leistungen.* Man sagt dann ebenso üblich wie gedankenlos, daß die Tonmaschine spricht, die Rechenmaschine rechnet, die Kamera etwas sieht und der Fernschreiber schreibt. Es sind dies die alltagssprachlichen Wörter, die als Verben für menschliche Handlungen vertraut sind. Diese Handlungen, für die sie stehen, sind ihrerseits gelernt und in kultürlichen Praxen ausgeübt. Das heißt, die alltagssprachlichen Mittel zur Beschreibung der Funktionen von Apparaten sind dieselben wie für die menschlichen Leistungen, die durch die jeweiligen Apparate (in einem spezifischen Sinne, siehe S. 167) ersetzt werden. Sie, genauer ihre (zweideutige) Verwendung, sind Ausdruck des Mißverständnisses, daß hier menschliche Leistungen wie Sprechen, Rechnen, Sehen, Denken, Schreiben usw. von Maschinen übernommen und ausgeführt werden können.

Die physikalische, ingenieurwissenschaftliche und technische Entwicklung läuft im 19. Jahrhundert zeitlich parallel mit den großen Fortschritten der Sinnesphysiologie, die (neben dem menschlichen Sehsystem) das menschliche Gehör und den menschlichen Laut- und Sprachproduktionsapparat erforscht. Als erfolgreich gilt diese Forschung bis heute, wenn sie technische Funktionsmodelle zur Erklärung etwa der Tonproduktion durch die Stimmbänder oder der Konsonanten durch Zunge, Lippen und Gaumen oder das Hören durch Aufbau und Funktion des Innenohres angeben und so am Modell kausal erklären kann. Mit anderen Worten, die Technik- und die Wissenschaftsgeschichte drängen geradezu das Mißverständnis auf, daß hier eine bestimmte neue Form des Körper-Geist-Problems aufgetaucht ist und technisch bewältigt wurde. Wenn die Funktion unseres Ohres am Ende durch Funktionsgleichheit mit einem aufwendigen Mikrophon erklärt werden kann, müßte doch auch das Verständnis des gesprochenen Wortes auf genau diesem Weg, genau über diesen »Kanal« in den redeverstehenden Menschen hineinkommen! Und umgekehrt müßte der sprechende Apparat der Ort sein, an dem das gesprochene Wort Sinn und Bedeutung erhält – so die naheliegenden Mißverständnisse, die sich aus der technisch erfolgreichen Mechanisierung des Redens und aus der erfolgreichen Sinnesphysiologie ergeben.

Hier ließen sich nun viele Zwischenstationen aufzählen, wie etwa in der ersten Begeisterung über die neue Wissenschaft Kybernetik (noch Mitte der fünfziger Jahre des 20. Jahrhunderts) Hoffnungen entstanden sind, aus der physikalischen Beschreibung des Schallereignisses »Rede« herauszufinden, wie Wörtern und Sätzen Bedeutungen zukommen und wie ihre Geltung zustande kommt. (Ganze linguistische Schulen haben sich daran angeschlossen.) Der Optimismus, Übersetzungscomputer zu entwickeln, am Ende sogar der Optimismus, keinen Bereich menschlicher Leistungen des Erkennens, Denkens, Verstehens, Sprechens und Handelns von künstlicher Imitation auszunehmen, ja sogar technisch zu übertreffen, gehören in diesen Zusammenhang. An einem gewissen Ende dieser Entwicklungen stehen Hoffnungen, (hominide) Maschinen bauen zu können, die in ihren Leistungen von denen des Menschen ununterscheidbar sind – und spätestens dort ist die Stelle erreicht, wo die Technikgeschichte umschlägt in eine Philosophie der Naturwissenschaft vom Menschen. Der berühmte Turing-Test als Operationalisierung des Problems, die Leistungen von Mensch und Maschine ununterscheidbar zu machen, ist die hier einschlägige Ikone. Im »Austausch von Informationen« bzw. in der »Kommunikation« von Versuchsperson und einer Ausgabe-Maschine, an der sich nicht mehr entscheiden läßt, ob sie von einem Menschen oder von einem Computer betrieben wird, hat sich die Naturalisierung der Information durch Rückgang auf die Kausalerklärungen der Physik vollendet.

3 Dogmengeschichten

Neue Einfälle, Techniken, Methoden und Theorien kommen, wie auch neue Ziele und ihre Realisierung in wissenschaftlichen und technischen Fortschritten, von Menschen. Solche Menschen haben jeweils bestimmte Wissensbestände und Wissenslücken, Vorlieben und Abneigungen, wissenschaftliche und institutionelle Biographien, Welt- und Menschenbilder. Dies alles ist ebenso selbstverständlich wie unvermeidlich. Eine psychologische oder gar psychoanalytische Deutung technisch-naturwissenschaftlicher Innovationen ist hier jedoch nicht beabsichtigt. Vielmehr geht es im folgenden um die *ausdrücklichen Äußerungen*, die sich in den Schriften der Urheber moderner Informationstheorien oder -begriffe finden. Sie nämlich geben in jeder nur wünschbaren Klarheit Auskunft darüber, welche Hintergrundphilosophien dafür leitend waren. Die oben vorgestellten Erblasten fungieren wie Dogmen, selbst nicht in Frage gestellt und doch geschichtlich äußerst wirksam.

Die wohl berühmteste und einflußreichste *Theorie der Information* ist die von Claude Shannon (1949). Dabei muß Shannon mit seiner Theorie (chronologisch paradox erscheinend) vor dem Kybernetiker Norbert Wiener besprochen werden, weil sich Wiener in seinem Buch »Cybernetics, or Control and Communication in the Animal and the Machine« (New York 1948) explizit auf die Arbeiten von Shannon bezieht. Hier kommt auch die historische Besonderheit ins Spiel, daß die Informationstheorie (mit dem wohl am häufigsten zitierten Informationsbegriff) von Shannon im Doppelpack mit einer philosophischen Erläuterung durch W. Weaver publiziert wird.

Im September 1949 erscheint bei der University of Illinois Press unter dem Titel »The mathematical theory of communication« eine Schrift, in deren Vorwort die beiden Autoren Shannon und Weaver schreiben, daß zuerst im Juli und im Oktober 1948 im »Bell system technical journal« ein Aufsatz mit dem Titel »The mathematical theory of communication« von Shannon erschienen ist, der dann, zusammen mit einem etwa 30 Seiten langen Text von Warren Weaver (Titel in deutscher Übersetzung: »Ein aktueller Beitrag zur mathematischen Theorie der Kommunikation«) als Buch publiziert wird. Der Text von Weaver war bereits vorher an das Journal »Scientific American« gegeben und dort im Juli 1949 als Kurzfassung erschienen. Auf diese Weise hat die Shannonsche Theorie in Buchform gleich die ihr zugrunde liegende Philosophie mitgeliefert. (Auf eventuelle Meinungsverschiedenheiten zwischen Shannon und Weaver ist hier nicht einzugehen, weil es nicht zuletzt die Weaversche Begleitphilosophie ist, welche die Legende von der Naturalisierung der Information weitererzählt.) Wie und warum es bei der deutschen Übersetzung des gemeinsamen Buches zu der nicht unerheblichen Verschiebung im Titel – »Eine mathematische Theorie der Information« statt »communication« – kam, ist uns unbekannt.

Es scheint bis heute in der Literatur noch nicht bemerkt worden zu sein, daß die Hintergrundphilosophie dieses neuen Ansatzes bereits 15 bis 20 Jahre vorher entstanden ist und publiziert wurde. Gemeint ist die Semiotik von Charles Morris, der einen Beitrag für die »Encyclopedia of Unified Science« geschrieben und damit das Programm einer Einheitswissenschaft unterstützt hat, das im Logischen Empirismus des Wiener Kreises erfunden wurde. Morris wird im Buch von Shannon und Weaver (trotz zahlreicher Verweise auf andere Autoren) nicht erwähnt. Um so verblüffender sind die Übereinstimmungen des Textes von Weaver mit dem von Morris.

Die zweite wichtige Dogmengeschichte aus reichen Erblasten – man vergleiche die Ikone »Information ist Information, nicht Stoff oder Energie« – ist die *Kybernetik* von Norbert Wiener als *mathematische Theorie der Steuerungs- und Regelungstechnik*. Sofern man nur die technische Vorgeschichte dazu betrachtet, sind die Erfindung des Drehzahlreglers an der Dampfmaschine von James Watt, dann der elektrische Schwingkreis und schließlich die elektrischen Netzwerktheorien (Knoten- oder Maschentheorie elektrischer Schaltungen bei Hermann v. Helmholtz, James Clerk Maxwell, Gustav Robert Kirchhoff) sowie die Entwicklung der elektrischen Systemtheorie durch Karl Küpfmüller (1928) exemplarisch zu nennen. Vortheoretische Steuerungs- und Regelungstechniken, die der Kybernetik ihren Namen durch Bezug auf die Kunst des Steuermannes (griechisch kybernetes) gaben, sind technisch wenigstens zweitausend Jahre älter und vor allem bei Bau und Betrieb von Segelschiffen zu finden. Aber auch hier genügt die Technikgeschichte nicht, um ihre Erblasten zu erkennen. Philosophisch aufgeladen wird die Kybernetik durch den Kartesianismus und den Darwinismus Wieners,

Regelkreise in Lebewesen und Maschinen als gleichartig anzusehen sowie Menschen als Tiere und Tiere als Automaten zu betrachten.
Um schließlich eine dritte Dogmengeschichte zu nennen, die allerdings ganz aus dem Rahmen eines kohärenten geistesgeschichtlichen Zusammenhangs herausfällt und eher als Treppenwitz der Geschichte zu gelten hat, ist das Geheimnis der *Entropie* in der Informationstheorie als eines Grundbegriffes der Thermodynamik aufzunehmen, der gleichsam schnurstracks das Maß der Information (im Sinne Shannons) zum Gegenstand der Physik zu stempeln scheint. Hier allerdings führt die Aufklärung einer Legende überraschenderweise nicht auf eine große Philosophie und ihre Irrtümer, sondern auf eine kleine List im Überlebenskampf von Meinungen und Legenden, genauer auf ein freches Etikettierungskunststück Shannons, das man eher politisch oder psychologisch betrachten muß. Diese drei Dogmengeschichten amalgamieren zu einer kuriosen Mischung, welche die gegenwärtige Mehrheitsmeinung zum naturhaften Charakter der Information darstellt.

Semiotik (Zeichentheorie)

1938 hat der amerikanische Philosoph Charles Morris (1901-1979) ein Buch mit dem Titel »Foundations of the Theory of Signs« und 1939 den Text »Esthetics and the Theory of Signs« veröffentlicht. (Die deutsche Übersetzung ist unter dem Titel »Grundlagen der Zeichentheorie/Ästhetik der Zeichentheorie« 1972 erschienen.) In diesen Schriften hat Morris nicht nur den Zeichenbegriff geliefert, der in der Informationstheorie von Shannon und Weaver verwendet wird. Vielmehr bilden diese Schriften von Morris die dogmengeschichtliche Vorlage zumindest für den Text von Weaver, und zwar bis in den Gang des Weaverschen Textes und die Auswahl seiner Beispiele hinein.
Es scheint bisher in der Literatur nicht bemerkt worden zu sein, wie eng die Beziehungen von Morris und Weaver sind, ja wie parallel die Gedankenführungen der beiden Autoren laufen. Dabei wird Morris bei Shannon und Weaver nirgends erwähnt. Dies ist um so erstaunlicher, als der Text sonst in Anmerkungen fremde Quellen nennt und insbesondere auf bereits der ersten Seite einen edlen Wettstreit zwischen Shannon und Norbert

Wiener austrägt, wer wem was verdankt. Hier soll es freilich nicht um den philologischen Nachweis gehen, was Weaver Morris verdankt, sondern um die Beziehung eines naturalisierten Informationsbegriffs zur Philosophie des Logischen Empirismus aus dem Wiener Kreis.

Dafür ist Morris einschlägig. Wie seine Einleitung explizit erläutert, ist seine Zeichentheorie für die »Encyclopedia of Unified Science« des Wiener Kreises geschrieben und sollte im Rahmen des Programms einer Einheitswissenschaft »ein Werkzeug für die Arbeit der Enzyklopädie ... entwickeln, d.h. eine Terminologie, mit der *über die Wissenschaftssprache gesprochen* ... werden kann« (19). (Alle kursiven Hervorhebungen in diesem und den folgenden Morris-Zitaten von mir, PJ) Morris schließt sich hier ausdrücklich Carnap an, wonach »die Untersuchung der Wissenschaft vollständig in der Untersuchung der Sprache der Wissenschaft aufgehen ... kann«.

Der Ansatz von Charles Morris

Zeichentheorie wird mit einem Kunstwort nach dem griechischen Verbum »semainein« (»bezeichnen«, »ein Zeichen geben«) »Semiotik« genannt. Morris möchte sie als eine Wissenschaft von der (ebenfalls mit einem eigenen Kunstwort benannten) »Semiose« (Zeichenprozeß) entwickeln. Einführend sagt dazu Morris:

»Von allen Lebewesen macht der Mensch den ausgiebigsten Gebrauch von Zeichen. Die Tiere reagieren natürlich auch auf bestimmte Gegenstände so, als ob sie Zeichen von etwas anderem wären, aber derartige Zeichen sind bei weitem nicht so komplex und ausgearbeitet wie die Rede, die Schrift, die Kunst, die Testvorrichtungen, die medizinische Diagnose und die Signalapparaturen des Menschen. Wissenschaft und Zeichen sind untrennbar miteinander verbunden, denn die Wissenschaft verhilft dem Menschen zu zuverlässigeren Zeichen und formuliert ihre eigenen Ergebnisse in Systemen von Zeichen. Die menschliche Zivilisation hängt von Zeichen und Zeichensystemen ab, und der menschliche Geist ist nicht zu trennen von Zeichenprozessen.« (17)

Einerseits übernimmt damit Morris die für den Wiener Kreis typische Gleichsetzung von Wissen und Wissenschaft und beansprucht zugleich, mit einer Theorie der Wissenschaftssprache die gesamte Philosophie zu beerben. Andererseits wird sogleich die naturalistische, nämlich die biologische Betrachtungsweise zugrunde legende Gleichbehandlung von Mensch und Tier an den Anfang gesetzt.

Im Hauptteil über »Semiose und Semiotik« beginnt Morris unter der Überschrift »Die Natur des Zeichens« mit einem Tier-Beispiel: »Ein Hund antwortet mit einem Verhalten (I), das zum Jagen von Eichhörnchen (D) gehört, auf einen bestimmten Laut (Z); ein Reisender stellt sich ein (I) auf eine bestimmte Gegend der Welt (D), wenn er von einem Freund einen Brief (Z) erhält. In diesen Fällen ist Z der Zeichenträger (und durch seine Funktion ein Zeichen), D das Designat und I der Interpretant des Interpreten. Ein Zeichen ist nun am besten folgendermaßen zu charakterisieren: Z ist für ein Verhalten I ein Zeichen des Gegenstandes D, insofern I eine Notiznahme von D aufgrund des Auftretens von Z ist. Demnach nimmt in der Semiose etwas von etwas anderem mittelbar, d. h. durch die Vermittlung von etwas Drittem, Notiz. Eine Semiose ist also ein Mittelbar-Notiz-Nehmen von.« (20-21)

Hier ist zu beachten, daß sowohl der Hund, der ein Eichhörnchen hört, wie der Reisende, der einen Brief erhält, ein Zeichen *bekommt* und nicht etwa gibt. Wir befinden uns also in diesen Beispielen nicht auf der Seite eines Akteurs, der Zeichen gibt, sondern auf der passiven oder Empfängerseite eines Geschehens, für das es auch einen Sender, Urheber, das heißt eine Kausalursache geben muß.

Leider ist der Morrissche Text weder im Original noch in der deutschen Übersetzung besonders exakt und glücklich in der Wahl seiner Terminologie. Es gibt z. B. neben dem Interpretanten I »als vierten Faktor« den Interpreten (in den Beispielen den Hund bzw. den Reisenden). Deshalb ist es für die Analyse der philosophischen Prämissen dieses Ansatzes hilfreich, sich an die üblich gewordene, auf Charles Sanders Peirce zurückgehende Darstellung im sogenannten semiotischen oder auch semantischen Dreieck anzuschließen: Im Prozeß des Bezeichnens muß unterschieden werden zwischen einem Designans (dem Bezeichnenden), einem Designatum (dem Bezeichneten) und einem Designator (dem Bezeichner), der aber nicht der Agent – in den obigen Beispielen der Hund oder der Reisende – ist, sondern eine fiktive Instanz, welche die Bezeichnung dem Bezeichneten zuordnet. Diese Instanz kann etwa eine Sprachkonvention sein, z. B. ein Haus im Deutschen »Haus«, im Englischen »house« zu nennen und im Italienischen zwischen »casa« und »villa« zu unterscheiden. (Man lasse sich aber durch dieses Beispiel für eine Sprachkonvention nicht fehlleiten: Solche Designatoren muß es auch bei Bezeichnungen (Designantes) geben, die sich nicht auf konkrete Dinge, sondern z. B. auf fiktive Dinge, auf Verhältnisse oder auf ein Designatum ganz anderer Art beziehen.)

Der Zeichenprozeß zwischen Natur und Handlung

Offen bleibt in der Zeichentheorie von Morris, wo die Grenze dieses Zeichenprozesses bezüglich der Agenten (»Interpreten«) liegt: Ersichtlich liegt sie nicht zwischen dem redeverstehenden Menschen und dem Tier, das reflexhaft seinem Jagdinstinkt folgt. Sie liegt also nicht zwischen sprachlichen oder Kulturleistungen einerseits und Naturvorgängen andererseits. Aber sind bei den Naturvorgängen auch nichtbelebte zugelassen? Man denke etwa an eine hochalpine Situation. Bei einem Gewitter schlägt ein Blitz in einen Berggipfel ein, und der Donner löst an den Hängen eines anderen Berges eine Lawine aus. Ist dann nach Morris dieses Geschehen so zu beschreiben, daß der abgehende Schnee durch den Donner mittelbar vom Blitzeinschlag »Notiz nimmt«? Mit anderen Worten, ist das »Notiznehmen« *an Aufmerksamkeit* gebunden, wie wir sie nur Menschen und Tieren zuschreiben, oder *an Reizbarkeit*, wie sie auch bei Pflanzen vorliegt, oder allgemein *an eine ursächliche Veränderlichkeit*? Selbstverständlich ist diese Frage von Belang, wo es um eine Entscheidung geht, ob Maschinen von etwas Notiz nehmen können oder nicht.

Diese Frage aufschiebend, ist ein weiterer, wichtiger Beitrag von Morris zur Dogmengeschichte zu diskutieren. Morris gewinnt den drei Gegenständen Zeichenträger (Designans), Bezeichnetes (Designatum) und Interpret drei Möglichkeiten ab, je zwei von ihnen in Beziehung zu setzen, und erhält so drei »Dimensionen des Zeichenprozesses«: einmal die *semantische* (»die Beziehung zwischen den Zeichen und den Gegenständen, auf die sie anwendbar sind«), die *pragmatische* (»die Beziehung zwischen Zeichen und Interpret zum Untersuchungsgegenstand«) und die *syntaktische* (»die formale Relation der Zeichen zueinander«) (24). Al-

lerdings ist das syntaktische Verhältnis von Zeichen zueinander nicht im einzelnen, isolierten und aus drei Teilen bestehenden Zeichenprozeß (dem semiotischen Dreieck) bestimmbar, sondern (bildlich gesprochen) nur im Verhältnis verschiedener semiotischer Dreiecke zueinander. Insofern darf man sich nicht von einer gewissen Großzügigkeit des Textes von Morris in die Irre führen lassen, wenn er schreibt »Diese dritte Dimension nennen wir die syntaktische Dimension *des Zeichenprozesses* ... und die Untersuchung dieser Dimension nennen wir Syntaktik« (25).
Besonderer Aufmerksamkeit sind hier Fragen der *Reihenfolge in solchen Aufzählungen* zu empfehlen. In der soeben gewählten Reihenfolge Semantik, Pragmatik, Syntax liegt gleichsam die »natürliche«, nämlich dem Untersuchungsgegenstand in seiner Entwicklung angemessene Reihenfolge vor: Primär geht es ja um das Verhältnis von Zeichen und Bezeichnetem, also um Semantik. Wie die Beispiele mit dem Hund und dem Reisenden zeigen, sollen diese Verhältnisse durch eine (»pragmatische«) *Gebrauchstheorie der Zeichen* bestimmt werden und zeigen sich an den Reaktionen der Zeichenempfänger. Wohlwollend könnte man interpretieren, daß hier also in der Art der Wirkung eines Zeichens eine Kontrollinstanz dafür vorliegt, ob der Interpret (Hund, Reisender) das betreffende Zeichen richtig verstanden (»interpretiert«) hat. Die Syntax dagegen taucht erst auf, wenn größere Zusammenhänge etwa einer ganzen Sprache oder eines Zeichensystems in den Blick kommen und damit auch Zeichenbeziehungen, wie sie im Bereich menschlicher Sprache etwa durch Definitionen gestiftet sind.
Diese »natürliche« Reihenfolge verläßt Morris dort, wo er unter der Überschrift »Sprache« auf Einseitigkeiten der Betrachtung hinweist, die aus der Beschränkung auf einen der drei genannten Aspekte Semantik, Pragmatik und Syntax resultiert. Dort heißt es nämlich: »So neigt der *Formalist* dazu, jedes axiomatische System als Sprache anzusehen ...; der *Empirist* neigt dazu zu betonen, daß die Zeichen in Beziehung zu Objekten stehen, die sie denotieren und deren Eigenschaften sie wahrheitsgetreu angeben; der *Pragmatist* neigt dazu, die Sprache als eine Art kommunikativer und sozialbedingter Tätigkeit zu betrachten, mit deren Hilfe die Mitglieder einer sozialen Gruppe ihre individuellen und gemeinsamen Bedürfnisse besser befriedigen können.« (28) Hier ist der Formalist als Syntaktiker an die Spitze der Aufzählung gerückt und der Pragmatist an ihr Ende. Diese

Reihenfolge wird für die Analyse von »Sprache«, die nach der Einleitung vor allem Wissenschaftssprache sein soll, beibehalten, ja kanonisiert, so daß Morris von da an bis in die Kapitel-Gliederung seines Buches hinein fortan nur noch von Syntaktik, Semantik und Pragmatik spricht. Heute gilt *diese* Reihenfolge als festgelegt mit einer Ausschließlichkeit, die sich nur noch mit der Reihenfolge der Zahlwörter eins, zwei, drei vergleichen läßt. Sie bestimmt auch die Reihenfolge der Schritte in der Shannonschen Informationstheorie und ist zur geheiligten Meta-Norm der gesamten analytischen Wissenschaftstheorie und Sprachphilosophie geworden.

Es soll nicht übersehen sein, daß Morris unmittelbar an diese Charakterisierung des Formalisten, des Empiristen und des Pragmatisten anschließt: »Der Vorteil der dreidimensionalen Analyse (also der Morris-Theorie, PJ) besteht darin, daß sie die Gültigkeit all dieser Gesichtspunkte anerkennt, weil sie auf drei Aspekte ein und desselben Phänomens verweisen.« (28) Aber es bleibt eindrucksvoll, wie hier die Syntax nur durch die Ungenauigkeit an den Anfang rücken kann und daß die syntaktische Dimension eben keine innerhalb einer einzelnen Semiose, also eines einzelnen semiotischen Dreiecks sein kann, sondern an das Auftreten mehrerer, vieler, ja an das Auftreten eines Systems von Zeichen gebunden ist. Die Erhebung der Syntax zur Leitdisziplin der Semiotik ist also erschlichen.

Die bequeme und die methodische Ordnung

Nach den Motiven und Gründen dieser Erschleichung muß man nicht lange suchen. Im ersten der drei Kapitel Syntaktik, Semantik, Pragmatik heißt es: »In der Syntaktik sind in gewisser Hinsicht *leichter Fortschritte* zu machen als in den beiden anderen Teildisziplinen, denn die Beziehungen von Zeichen zu Zeichen als das Ergebnis von Redeanweisungen zu beschreiben ist, besonders bei geschriebenen Zeichen, leichter als die Charakterisierung der Lebensumstände, in denen bestimmte Zeichen angewendet werden, oder der Vorgänge, die während eines Zeichenprozesses im Interpreten ablaufen.« (35) Nimmt man Morris beim Wort, steht also die Syntax am Anfang sprachphilosophischer Überlegungen, weil sie einfacher und klarer zu bewältigen ist als die Pragmatik und damit die Einbettung des Sprechens in Handlungszusammenhänge oder als die semantischen Beziehungen, die ein Sprecher oder Hörer zwischen Bezeichnendem und Bezeichnetem herstellt. Dies sollte man für ein Verständnis der naturalisierten Information nicht aus dem Auge verlieren!

Unmittelbar schließt Morris an, was sich geradezu deckungsgleich bei Weaver in der Informationstheorie wiederholt: »Aus diesem Grunde kann die Einführung bestimmter Unterscheidungen in syntaktischen Untersuchungen die Einführung analoger Unterscheidungen in semantischen und pragmatischen Untersuchungen *anregen.*« (35) (Bei Weaver wird die Lösung des nachrichtentechnischen Problems, syntaktische Strukturen von Signalmengen bei der Nachrichtenübertragung über Codierung und Decodierung hinweg (hinreichend) zu erhalten, ebenfalls zuerst besprochen und gelöst, um dann als Anregung, mehr noch, als Teillösung der semantischen und pragmatischen Probleme der Nachrichtenübertragung ausgegeben zu werden.)

Die oben noch aufgeschobene Frage, ob der Zeichenprozeß im Sinne eines mittelbar von etwas Notiz-Nehmens an menschliche Sprache, an tierisches Verhalten oder einfach an kausale Wechselwirkungen gebunden ist, findet eine Antwort im folgenden Kapitel »Semantik«: Nach der Diagnose, daß es weder die beschreibende Sprachwissenschaft noch die philosophischen Grammatiker weit gebracht hätten in der Klärung der Beziehungen der Zeichen zu ihren Designaten (»und darum zu den Objekten, die sie denotieren oder denotieren können«), fährt Morris fort: »Einen vielversprechenden Ansatz für die Bestimmung der wirklichen Bedingungen, unter denen gegebene Zeichen verwendet werden, bietet *die experimentelle Verfahrensweise der Behavioristen*« (42). Hier wird die Sprachphilosophie vorgezeichnet, die dann von Willard Van Orman Quine in seiner Naturalisierung der Erkenntnistheorie (»Epistemology Naturalized«, 1969) konsequent vertreten wird. Der Zeichenprozeß ist an ein experimentell erforschbares und damit *kausal erklärbares* Verhalten gebunden.

Und noch ein weiterer markanter Punkt der Dogmengeschichte taucht hier auf. Noch im selben, soeben zitierten Satz geht es weiter: »Die Entwicklung einer Semantiksprache wurde gefördert durch die jüngsten Diskussionen über die Beziehung zwischen formalen sprachlichen Strukturen und ihren ›Interpretationen‹, durch die Bemühungen (z. B. von Carnap und Reichenbach), das empiristische Lehrgebäude schärfer zu fassen ... Gleichwohl hat die Semantik bis heute noch nicht die Klarheit und Systematisierung erreicht, die bestimmte Bereiche der Syntaktik auszeichnet. Bei näherem Hinsehen ist diese Situation nicht überraschend, denn *ein strenger Aufbau der Semantik setzt eine relativ weit entwickelte Syntaktik voraus.*« (42-43) Hier ist *die Kanonisierung und Dogmatisierung der Reihenfolge Syntax, Semantik, Pragmatik* vollzogen und vollendet. Wo zunächst gleichsam nebensächlich der Formalist sich vor den Empiristen und den Pragmatisten gesetzt hat und wo dann Einfachheit und Erfolg der Syntaktik vor der Pragmatik und der Semantik als Grund für die Anordnung genannt wurden, wird hier nun ein *striktes Voraussetzungsverhältnis* zwischen Syntax und Semantik behauptet – außer mit dem Verweis auf Autoritäten wie Rudolf Carnap, Hans Reichenbach (und Alfred Tarski) letztlich mit dem Argument, daß ja eine semantische Theorie ihrerseits syntaktisch geordnet aufgebaut sein muß.

Damit ist der dogmengeschichtliche Pfeiler der Semiotik gesetzt, von dem aus eine »mathematische« Informationstheorie ihren Bogen spannt, um nie wieder einen semantischen oder gar pragmatischen Pfeiler zu erreichen. Die Folgen dieser Dogmengeschichte werden sich an der Shannon-Weaver-Theorie zeigen. Besonders wichtig sind an ihr gerade die stillschweigenden Investitionen und Annahmen, auf die abschließend ein Blick zu werfen ist:

Obwohl im Text gelegentlich das Wort »Kommunikation« auftaucht, ist der Sprache – wie im Wiener Kreis generell und wegen der Logiktradition mit Frege und Wittgenstein auch nicht überraschend – ein *monologisches Sprachverständnis* zugrunde gelegt. Weil es das Hauptanliegen des Wiener Kreises wurde, eine logische Analyse der Wissenschaftssprache zu leisten, scheint man unbemerkt vom Modell des vor einem Blatt Papier sitzenden und um Formulierung, Definition und Beweis ringenden Mathematikers oder theoretischen Physikers auszugehen. Sprache erscheint dabei bestenfalls als elaboriertes Endprodukt einer Theoriesprache. Im Sinne des individuellen Spracherwerbs durch Erlernen und im Sinne der Sprachentstehung kann Sprache jedoch nur als Gemeinschafts- und Kommunikationsleistung verstanden werden. Damit sind für die semiotischen Aspekte (in der Reihenfolge Pragmatik, Semantik, Syntax) die Zugangswege verschüttet, die *methodisch* beschritten werden müssen: Reden ist ein Handlungsvermögen, das nur in Handlungs- und Redezusammenhängen und in menschlichen Gemeinschaften erworben werden kann, ausgeübt wird und sinnvoll ist. Die Syntax für »einfacher« zu halten als die Pragmatik und die Semantik verdankt sich dem Degenerationsprozeß, in einer distanzierten, analytisch-beschreibenden Haltung die jeweils letzten, nach Meinung ihrer Urheber attraktivsten Ergebnisse der sprachgeschichtlichen Entwicklungen in den Wissenschaften zum Ausgangspunkt zu wählen. Dieses letztlich dogmatisch verursachte Dilemma der logisch-empiristischen Philosophie und der Morris-Semiotik bildet eine dogmengeschichtliche Erblast, von denen sich die Informationstheorien und -begriffe bis heute nicht erholt haben.

Kybernetik (Maschinentheorie)

Wenn im folgenden die Kybernetik (mit einem Seitenblick auf die Robotik) zur Dogmengeschichte der Naturalisierung der Information gerechnet wird, ist in einem ersten Schritt zu klären, was Theorie und Praxis des Steuerns und Regelns überhaupt mit Information oder Kommunikation zu tun haben. In diese Klärung ist einzubeziehen, was das Rechnen bzw. die Mathematik, die ja in Praxis und Theorie des Steuerns eingehen (etwa als Berechnung eines Kurses beim Navigieren), zu Information und Kommunikation in Beziehung setzt.

Regelung oder Kommunikation?

Natürlich ließe sich auf Norbert Wiener, den Vater der Kybernetik, verweisen, der seinem grundlegenden Buch »Kybernetik« den Untertitel gibt »Regelung und Nachrichtenübertragung im Lebewesen und in der Maschine« (1. dt. Auflage 1963, engl. Originaltitel: »Cybernetics or Control and Communication in the Animal and the Machine«, 1948). Hier kommt nicht nur das Wort Kontrolle für Steuerung und Regelung vor, sondern auch »Kommunikation«.

Wo man allerdings einer Vorgeschichte der Naturalisierung der Information auf der Spur ist, ist Vorsicht bei Schlüsselwörtern angezeigt. Schließlich sprechen die Naturwissenschaften ja von

Kommunikation auch im Sinne von einfachen, kausalen Wechselwirkungen, etwa bei den »kommunizierenden Röhren« in der klassischen Hydrostatik. (Bei verschieden geformten Röhren, zwischen denen ein Flüssigkeitsaustausch stattfinden kann, steht eine Flüssigkeit in allen Röhren gleich hoch.) Da bei Wiener schon im Untertitel seines Buches sowohl von Lebewesen als auch von Maschinen die Rede ist, sollte man also die Lektüre nicht mit der Hypothese beginnen, bei »Kommunikation« handle es sich dort nur oder vor allem um eine sprachliche zwischen Menschen – es sei denn, diese gilt als prinzipiell nicht verschieden vom Druckausgleich in wasserführenden Röhren.

Wiener präsentiert in seinem Buch, das weithin autobiographische Züge trägt, die Kybernetik als eine mathematisch gestützte Theorie zu technischen Steuerungs- und Regelungssystemen, wie sie vor allem in der Militärtechnik des Zweiten Weltkriegs (u. a. am MIT, dem Massachusetts Institute of Technology) entwickelt wurden. Die militärischen Aufgaben beginnen bei der Steuerung eines Flugabwehrgeschützes und führen über zielverfolgende Raketen – nach heutigem Stand – bis zur Programmierung von *cruise missiles*.

Sehr treffend nennt Wiener diesen Ansatz »Kybernetik«, abgeleitet vom griechischen Wort »kybernetes«, »Steuermann«. Ein Steuermann, der ein Segelschiff vom Hafen A zum Hafen B führen will, muß dies zielverfolgend unter Ausnützung der Winde und Strömungen leisten. Auch in alltäglichen, weitestgehend technikfreien Zusammenhängen, etwa beim Durchschwimmen eines Flusses, muß die Strömung berücksichtigt werden, wenn der Schwimmer an einer bestimmten Stelle ankommen möchte. Man könnte *Kybernetik* also als die *Wissenschaft von den zielverfolgenden Systemen* bezeichnen. Soll zusätzlich unterschieden werden zwischen den Systemen, die eine Steuerung und Regelung im engeren Sinne bewerkstelligen, und den ausführenden Organen, kann »Robotik« der weitere Begriff sein (abgeleitet vom russischen Verbum für »arbeiten«): Roboter sind (im weitesten Sinne) Arbeitsmaschinen, deren Steuerung zu entwickeln eine Aufgabe des Kybernetikers ist. Da es also bei der Robotik, ungeachtet anderer Definitionen und Einteilungen dieses Gebiets, um die technische Umsetzung von Steuerbefehlen geht, werden wir sie hier nicht weiter betrachten.

Philosophisch von Belang ist, daß Prozessen, die in der Sprache der Ingenieure »steuern« und »regeln« heißen, elementare Tätigkeiten im menschlichen Alltagsleben zugrunde liegen. Schon das Führen eines Pferdes durch den Reiter oder eines Ochsen durch den Fuhrmann ist ein Beispiel für die Handlung des Steuerns, für die in jedem Fall Ziel und Weg durch den Steuermann festgelegt werden. Ein archaisches Beispiel für einen Regelungsprozeß ist das Aufrechterhalten eines Feuers, das weder ausgehen noch zu hoch brennen soll.

Es ist ein ebenfalls elementarer Teil technischer Allgemeinbildung im Rahmen heutiger Zivilisation, daß auch der Laie das einfache Funktionsprinzip kennt, Steuerung und Regelung vorzunehmen: durch den sogenannten *Regelkreis*. Das Thermostatventil am Heizkörper, ja schon das Schwimmer-Ventil im Kasten der Wasserspülung, das für nachlaufendes Wasser sorgt und Überlaufen verhindert, sind einfache Beispiele dafür. Solche Regelkreise nehmen dem Menschen die Arbeit ab, seine Aufmerksamkeit darauf zu richten, daß ein bestimmter Soll-Wert der Raumtemperatur, der Wasserhöhe usw. eingehalten wird. Die besondere Pointe solcher Mechanismen liegt darin, daß sie selbsttätig, »automatisch« die Einhaltung von Soll-Werten durch kausale Beeinflussung des Zustroms oder Ablaufs einer Stoff- oder Energiemenge leisten. Noch naiv formuliert: wo etwas *geregelt* und mit Hilfe von Regelkreisen *gesteuert* wird, muß es eine Rückmeldung über die tatsächlichen Verhältnisse in einem System geben, um sie mit den gewünschten Verhältnissen abzugleichen. Eine solche »Rückmeldung«, die schon etymologisch an eine sprachliche Kommunikation erinnert, muß also immer von einem Sensor (Temperaturfühler, Schwimmer) ausgehen und einen Effektor (Zulaufventil) *kausal* beeinflussen.

An diesen trivialen technischen Verhältnissen ist philosophisch bemerkenswert, daß nur mit einer gewissen Künstlichkeit, jedenfalls abweichend von den Sprachüblichkeiten eine Beschreibung ohne Rückgriff auf *kognitive* Wörter wie Sensor, Rückmeldung (wahr oder falsch?) gelingt. Dies könnte aber, wie schon bei den kommunizierenden Röhren, einfach eine Nachlässigkeit der Alltagssprache sein. Jeder Regelmechanismus, vom Fliehkraftregler der Dampfmaschine von James Watt bis zum quarzstabilisierten Schwingkreis einer modernen Armbanduhr, läßt sich *allein in physikalischen Parametern beschreiben*, ohne ein einziges kognitives, aus dem menschlichen Handlungs- und Redebereich stammendes Wort zu verwenden. Es werden lediglich funktionale Abhängigkeiten bestimmter Parameter angegeben.

Das Diktat der Metaphern

Eine erste Prüfung der Frage, was Kybernetik als Theorie des Steuerns und Regelns mit dem Kommunizieren und Informieren zu tun hat, legt damit folgende Antwort nahe: *Nur eine metaphorische oder teilmetaphorische Beschreibung* technischer Steuerungs- und Regelungssysteme stellt diese Verbindung her. *Die Funktion von Steuerungs- und Regelungssystemen selbst erfordert keinerlei kognitive Beschreibungen.* Die Besonderheit der Kybernetik gegenüber einer vor- und nichtkybernetischen Technik liegt im Phänomen der *Rückkopplung*. Aber Rückkopplung zur Regelung eines Vorgangs ist selbst immer *allein kausal bestimmt* und verbleibt begrifflich innerhalb der Physik, ihrer Sprache und ihrer Mittel. Rückkopplung dagegen als Reflexivität (im Sinne der Rückbeziehung von Sprache auf Sprache oder von Denken auf Denken) zu verstehen oder zu bezeichnen ist bereits eine Metaphorisierung. Solche Metaphern enthalten keine neuen Informationen über die funktionalen Abhängigkeiten hinaus, die in der Sprache der Physik beschrieben sind.

Es ist mit anderen Worten nur eine gewisse Verführung zur metaphorischen Beschreibung kybernetischer Systeme, die ihnen spezifisch menschliche Eigenschaften wie Zielverfolgung, sensorische Kontrolle, absichtliche Beeinflussung, Rückmeldung, Reflexivität usw. zuerkennen. Diese Verführung beruht auf dem undramatischen Grund, daß Maschinen zur Steuerung und Regelung *ein menschliches Handlungsvermögen leistungsgleich* ersetzen – wenn auch in einer wichtigen Hinsicht nur partiell: Die Vorgabe der Ziele, die Setzung der Zwecke und die Einstellung der Sollwerte bleiben dem Erfinder oder Verwender von solchen kybernetischen Systemen vorbehalten.

Die für die Fächer Informatik und Computerscience nicht unwichtige Frage, welche Rolle das Rechnen und die Mathematik im Rahmen der Kybernetik spielen, ist demgegenüber einfach zu beantworten. Man betrachte lediglich, welche Rechnungen z. B. ein Navigator auszuführen hat, der bei einem Flug von A nach B die Geschwindigkeit des Flugzeugs zur Richtung und Geschwindigkeit des Seitenwindes zu berücksichtigen hat. Was der Schwimmer durch den Fluß oder der Schütze beim Tontaubenschießen als »Vorhalten« noch instinktiver Abschätzung überläßt, wird in sprachlich explizierter Form zu einer Berechnung. Daß solche Berechnungen etwa im Falle hochkomplexer elektronischer Netzwerke wie der Schaltung eines Fernsehgeräts den Umfang einer Ingenieurwissenschaft (Netzwerktheorie) annehmen, ändert prinzipiell nichts an den übersichtlichen Verhältnissen: Die investierte Mathematik hat keine andere Rolle als beim Ausrechnen des Übersetzungsverhältnisses in einem Zahnradgetriebe aus den Umfängen der Zahnräder. Die Mathematik ist ein Hilfsmittel, das auf die Konstruktion eines letztlich mechanischen Systems angewandt wird. Das mechanische System selbst, wenn es ein kybernetisches, d. h. mit Rückkopplungen versehenes ist, fällt nicht aus dem Bereich der traditionellen Physik heraus. Erst die *Verwendung solcher Maschinen als leistungsgleicher Ersatz für das Erreichen oder Aufrechterhalten oder Vermeiden eines Zieles* bringen Begriffe ins Spiel, die nicht mehr zur Mathematik und Physik gehören, sondern den menschlichen Umgang mit Maschinen betreffen und deshalb von Ziel und Mittel, von Sein und Sollen, von Beabsichtigen, Wahrnehmen und Ausführen sprechen. Nur von dorther ist dann plausibel, wieso eine nachlässige Alltagssprache diesen Maschinen selbst menschliche Fähigkeiten zuspricht.

Das materialistische Dogma der Kybernetik

Die Kybernetik als Ingenieurwissenschaft von Regelung und Steuerung sollte, so möchte man auf den ersten Blick vermuten, mit einem Minimum an Hintergrundphilosophie auskommen. Aus vortechnischen und technischen Zusammenhängen des Alltagslebens sind menschliche Bemühungen vertraut, durch direktes Eingreifen den Verlauf von Geschehnissen zu beeinflussen. Die oben gegebenen Beispiele wie das Führen eines Tieres, das kontrollierte Aufrechterhalten eines Feuers, das Steuern eines Segelschiffes usw. mögen genügen, das Setzen und Verfolgen von Zwecken, Zielen, Sollwerten u. dgl. zu veranschaulichen. Der Ingenieur erfindet und entwickelt dazu Maschinen, die dem Menschen die Mühe anhaltender Aufmerksamkeit und

dauernder kontrollierender Eingriffe in das gesteuerte und geregelte System abnehmen.
Auch der Übergang zu einer Naturwissenschaft, die »natürliche Systeme« erforscht, wirft, recht besehen, keine philosophischen Probleme auf: Naturgeschehen wird durch technische Modelle »simuliert«, d.h. funktionsgleich beschrieben und erklärt. Die Homöostase des Blutzuckerspiegels oder der Körpertemperatur wird nach Analogie eines technischen Regelkreises wie beim Thermostatventil am Heizkörper erklärt. Aber ein Rückgang auf lebensweltliche Praxis und auf einfache menschliche Handlungen liegt der Betrachtungsweise fern, die dem formalistisch gesonnenen Mathematiker, dem empiristisch gesonnenen Naturwissenschaftler und dem naturwissenschaftsgläubigen Ingenieur die vertraute Hintergrundphilosophie bilden.
Deshalb soll hier auf einige markante philosophische Dogmen hingewiesen werden, die sich bei Norbert Wiener und dann in der Kybernetik allgemein finden und für die Naturalisierung des Informationsbegriffs eine wichtige Rolle spielen: Es sind dies der (naturwissenschaftliche) Materialismus und seine Folgerungen für das Verhältnis von Mensch, Tier und Maschine sowie für ein Verständnis »höherer«, vor allem kognitiver Leistungen als »emergente« oder »Systemeigenschaften« einer komplex organisierten Materie.
Schon das bereits zitierte, berühmte Diktum Wieners, wonach Information Information, nicht aber Materie oder Energie sei und daß kein Materialismus, der dies nicht anerkenne, gegenwärtig überleben könne (1948), bündelt Glaubenssätze der einschlägigen Dogmengeschichte. Der Satz Wieners läßt den Anspruch erkennen, mit dem Informationsbegriff naturwissenschaftlich-materialistische Erklärungen zu leisten, die ohne ihn, d. h. als Rede über Materie oder Energie allein, nicht möglich wären. (Auf den verkappten Biologismus, Positionen oder Programme wie die Reduktion aller Phänomene auf ein materielles Geschehen ihrerseits nur auf ihren »Überlebenswert« hin – statt auf Wahrheit hin – zu beurteilen, sei am Rand verwiesen.)
Gemeint hat Wiener wohl, daß der Informations*begriff* gleichberechtigt neben andere naturwissenschaftliche *Begriffe* wie den der Energie oder der Materie zu treten hätte. Die Formulierung von Wiener, daß hier Information, Energie und Materie und nicht deren sprachliche Bezeichnungen (»Begriffe« im Sinne ihrer fachsprachlichen Verwendung) verglichen werden, kann

dort durchgehen, wo diese saloppe Verkürzung nicht zu Mißverständnissen führt. Der Energiebegriff ist nämlich in den Naturwissenschaften, ausgehend von der Physik, in der Objektsprache angesiedelt. Schon in der klassischen Mechanik wird »Energie« dimensionsgleich mit »Arbeit« (salopp als Kraft mal Weg) bestimmt und kann z. B. als potentielle oder als kinetische Energie auftreten. Kurz, »Energie« ist ein wohlbestimmter quantitativer Terminus der mechanischen Theorie selbst. Alle anderen Energieformen, etwa der thermischen, der elektromagnetischen, der chemischen usw., werden jeweils über die Messung mechanischer bzw. thermischer Energie ebenfalls in den Bereich naturwissenschaftlicher Quantitäten eingereiht.

Mit dem Wort »Materie«, in chemischen Zusammenhängen synonym verwendet mit »Stoff« oder »Substanz«, steht es anders. Dieses Wort bezeichnet keinen quantitativen Begriff, ist also nicht durch Meßverfahren operational definiert. Es tritt in naturwissenschaftlichen Lehrbüchern und Diskursen an keiner Stelle als objektsprachlicher Terminus auf. Es kommt höchstens in einführenden oder bekennenden Zusammenhängen vor, wonach z. B. die Chemie eine Wissenschaft von den Stoffen, ihren Eigenschaften und Veränderungen sei. Und wo das Wort im Lehrbuch selbst auftritt, wird es auch noch verschieden verwendet, wo »Stoff« (im Singular) oder »Stoffe« (im Plural) in Aussagen vorkommen. »Stoff« (im Singular) ist in Wahrheit ein Reflexionsterminus wie in der Physik die Wörter Raum und Zeit. Reflexionstermini gehören der Metasprache an und dienen zur Einteilung und zur Abgrenzung von objektsprachlich formulierten Sachverhalten.

Wieners sprachliche Sorglosigkeit, statt von den *drei Begriffen* von den drei Designaten selbst zu reden, hat ihm den Blick darauf verstellt, daß er die *Eigenständigkeit des Begriffs »Information« gegenüber (zwei der Definition und Zugehörigkeit zu Sprachebenen nach) unterschiedlichen Vergleichsgegenständen* behauptet – nämlich gegenüber dem objektsprachlichen Terminus Energie und dem metasprachlichen Reflexionsbegriff Materie. Damit bleibt offen, ob diese Wienersche These den *Begriff der Information selbst der Objektsprache oder aber der Metasprache* der Naturwissenschaften zuordnen möchte. Auf den ersten Blick ist dies eine sprachtheoretische Feinheit, der man vielleicht keine besondere Bedeutung beimessen möchte, solange es nur um die vermutliche Absicht Wieners geht, der Information ein eigenes Wohnrecht im Hause der Naturwissenschaften einzuräumen. Es wird sich aber später erweisen, daß diese feine Unterscheidung der Zugehörigkeit eines Begriffs Information zur einen oder zur anderen Sprachebene ein zuverlässiges Indiz dafür ist, ob *Information* tatsächlich *ein Gegenstand der Naturwissenschaft* oder aber *nur eine Metapher* im Bereich der Modellbildung wird.

Das mechanistische Dogma der Kybernetik

Eine weitere dogmengeschichtliche Investition ist der Wienersche Materialismus insofern, als er gleichsam Descartes mit Darwin verbindet: Wie bei Descartes werden Tiere als Automaten betrachtet und wie bei Darwin Menschen als besondere Spezies, also wie Tiere. Damit können auch Menschen wie Automaten betrachtet werden – so salopp und einfach stellen sich Mensch und Welt dem Kybernetiker dar. Hier soll nicht bestritten werden, daß es höchst sinnvoll sein kann, eine Technikwissenschaft der zielverfolgenden Maschinen zu entwickeln, die ihrerseits die Modelle für die natürlichen Aspekte von Tieren und von Menschen liefern, sofern diese wiederum als Organismen mit Maschinenmodellen beschrieben werden. Problematisch, weil dogmatisch werden diese Betrachtungsweisen nur dort, wo sie mit einem universellen Alleinvertretungsanspruch verbunden werden. Die Naturalisierung war ja im Bereich der Naturwissenschaften generell als der Anspruch identifiziert worden, mit naturwissenschaftlichen Beschreibungen und Erklärungen ein Alleinvertretungsrecht gegenüber den Geistes-, Sozial- oder Kulturwissenschaften wahrzunehmen. Damit kommt ein weiteres, dogmengeschichtliches Moment in den Blick:
Die unbestritten mögliche und für bestimmte Zwecke sinnvolle Reduktion des Menschen auf das Tierische und des Menschen und des Tieres auf das Organismische, letztlich maschinentheoretisch Modellierbare wird in einer typisch materialistischen Umkehrung zum Erklärungsanspruch »von unten nach oben«, d.h. vom rein materiellen Geschehen zu den höheren und höchsten Erscheinungsformen des Lebendigen, des Menschlichen und des Kultürlich-Geistigen. Das materialistische Spiegelbild der Reduktion nichtmaterieller auf materielle Aspekte ist die Vorstellung der »Emergenz«: Im Durchgang von einfachen zu

komplexen Systemen erscheinen gleichsam von selbst neue, höhere Systemeigenschaften, die wir vor- und außerwissenschaftlich etwa als »lebendig« oder als »bewußt« bezeichnen. (Zur Emergenztheorie vgl. S. 124 f.)
Aber auch hier sollte man sich nicht durch diesen Dogmatismus beeindrucken lassen: Wo etwa – gut materialistisch und mechanistisch – darauf verwiesen wird, daß ein aus Teilen zusammengesetztes System »Räderuhr« die Zeit mißt und damit eine Funktion aufweist, die keiner seiner Teile allein erbringt, wird über ein Menschenwerk gesprochen, das nur dadurch in die Welt kommen kann, daß *zuerst* der Zweck der Zeitmessung erfunden wird, um *danach* Mittel zu suchen, zu finden und einzusetzen, diesen Zweck technisch zu realisieren. Mit anderen Worten, läßt man sich nicht auf die Schlichtform des Gedankens ein, Räderuhren seien einfach da wie der Mond, um sich darin das naturalistische Mißverständnis seiner Apparate durch Galilei zu wiederholen, dann verliert die höhere Systemeigenschaft ihr Geheimnis, wie aus den niedrigen Eigenschaften der Teile ihre höhere Funktion erwächst: Die Teile der Räderuhren sind keine Teile im Sinne eines Teilungsergebnisses. (Sie werden nicht durch Zerlegen von Uhren hergestellt.) Vielmehr muß es zuerst zum Zweck der Zeitmessung einen Plan für dessen Realisierung geben, und nach Plan werden diese vermeintlichen Teile als *Komponenten*, d.h. als Stücke für eine Zusammensetzung des ganzen Apparats, selbst künstlich hergestellt. Dann funktionieren sie wie geplant.
Der Mechanismus Wieners und allgemein der Kybernetiker spricht also von Systemen immer aus der Position der *Beschreibung im nachhinein*. Dies ist als philosophischer Hintergrund um so erstaunlicher, als ja die Technikwissenschaft Kybernetik selbst gerade *anders verfährt*. Wiener geht wie andere Kybernetiker von vorgegebenen Zielen aus, nämlich die Steuerung eines Flugabwehrgeschützes oder einer Boden-Luft-Rakete zu konzipieren. Philosophisch gesehen ist also der bekenntnishafte Materialismus und Mechanismus Wieners der Grund, *in der Nachträglichkeit der Betrachtung* eine falsche Philosophie anzunehmen. Sie ist schon falsch bezogen auf das tatsächliche Vorgehen der Kybernetiker bei Ausübung ihrer eigenen Tätigkeit. Kurz, die materialistisch-mechanistische Philosophie der Kybernetiker ist ein Selbstmißverständnis.
Abschließend läßt sich zur Rolle der Kybernetik für die Natura-

lisierung des Informationsbegriffes sagen, daß sie sich einfügt in die formalistischen, empiristischen und naturalistischen Traditionsstränge von Mathematik und Naturwissenschaft in der Philosophie ihrer Vertreter.
Ganz anders liegt es mit einem wissenschaftspolitischen Aspekt der Dogmengeschichte, nämlich der Beziehung der Informationstheorie zur Thermodynamik oder des Informationsbegriffs zur Entropie: Dort steht am Anfang nicht eine Philosophie, sondern ein Husarenstück, eine freche Usurpation, eine (vielleicht sogar nicht einmal unsympathische) Schlitzohrigkeit des anspruchsvollen Scheins – mit der nur noch ironisch wahrnehmbaren Konsequenz, daß selbst angesehene Fachwissenschaftler in Unkenntnis der wahren Geschichte nun einem Etikettenschwindel ein naturwissenschaftliches Fundament zu geben bemüht sind. Dies ist im folgenden Abschnitt zu besprechen.

Politik (Erfolgstheorie)

Politisch, genauer wissenschaftspolitisch ist es, sich jenseits von Klarheit und Wahrheit einer Theorie Gedanken über ihre Durchsetzung zu machen. Tatsächlich hat die Geschichte von Wissenschaft und Technik etwas Naturwüchsiges: Nicht erst seit Thomas S. Kuhns Theorie vom Paradigmenwechsel ist bekannt, daß Erfolg und Mißerfolg von wissenschaftlichen und philosophischen Ideen, Ansätzen, Theorien und Programmen weder dem Bereich des handelnden Verfügens durch ihre Urheber noch dem Bereich eines objektiven Weltgeistes anheimfallen, der für den Erfolg der Wahrheit sorgt. Insofern soll es hier nicht beanstandet werden, wenn sich ein wissenschaftlicher Autor wie Claude Shannon von Motiven einer Wortwahl leiten läßt, die mehr mit dem Erfolg seiner Theorie als mit Adäquatheit oder Bezeichnungstreue der Wortwahl zu tun hat. Gemeint ist die Entscheidung Shannons, sein berühmtes Maß der Information »Entropie« zu nennen. Er sei, so berichtet Shannon, dem Rat John v. Neumanns gefolgt: Weil ohnehin niemand wisse, was Entropie sei, habe Shannon von dieser Namengebung immer einen Diskussionsvorteil.
Nun wäre eine bloße Namensgebung kaum von besonderem philosophischen Interesse. Da ihr aber eine *formale Ähnlichkeit* zweier Formeln (nämlich für das Informationsmaß und für die

Entropie in der Thermodynamik) zugrunde liegt, wird der Shannonsche Taufakt zum Startschuß für eine sehr umfangreiche Debatte, an deren Ende ihre Protagonisten glücklich ausrufen: »Recht so!« Das heißt, man glaubt nun zu wissen, daß das Shannon-Maß der Information und die Entropie *dasselbe sind.*
Dieses bemerkenswerte Geschehen, bei dem ein wissenschaftlicher Scherz zur anerkannten naturwissenschaftlichen Lehrmeinung umgebildet wird, muß, so möchte man vermuten, doch irgendeine Grundlage haben. Schließlich zweifelt niemand an der wissenschaftlichen Qualität und Brauchbarkeit sowohl des Shannon-Maßes als auch des thermodynamischen Grundbegriffs »Entropie«. In der Tat liegen hier bestimmte Strukturgleichheiten vor, die aber *nicht in der Gleichheit der Gegenstandsgebiete Nachrichtenübertragung und Wärmeübertragung* liegen, sondern in der Gleichheit der Betrachtung, mehr noch, *in der Gleichheit der philosophischen Vorurteile*, unter denen der Vergleich der beiden Gebiete steht. Deshalb verfolgt dieser Abschnitt über die Erfolgstheorie des Informationsbegriffs diese Geschichte ausgehend vom historischen Faktum der Shannonschen Namensgebung über die Anschlußgeschichten, eine Verbindung von Energie und Information herzustellen, bis zu ihren dogmengeschichtlichen Ursachen: nämlich eine respektable Zahl von Abblendungen, Weglassungen, illegitimen Gleichsetzungen usw. innerhalb dieser Debatte.

Ehrlicher Shannon!

1971 erscheint in »Scientific American« ein Artikel »Energy and Information« von Myron Tribus und Edward C. McIrvine. Er behandelt den Zusammenhang des Shannonschen Informationsbegriffs mit der Thermodynamik. Eingangs wird gezeigt, daß es die gleiche Formel ist, die einmal bei Shannon das Verhältnis eines Wissens (in einem Empfänger) vor und nach Empfang einer Nachricht und zum andern bei Rudolf Clausius (1864) das Verhältnis der Zustände eines Systems vor und nach einem Wärmeübergang beschreibt.
Dann folgt die eigentliche Sensation: Der Autor Tribus berichtet, daß er 1961 Shannon nach dem Grund seiner Namengebung für das Maß der Information befragt habe. Shannon antwortete: »Mein größtes Problem war, wie ich es nennen soll. Ich

dachte daran, es Information zu nennen, aber das Wort war schon überstrapaziert, so daß ich mich entschied, es ›Ungewißheit‹ (uncertainty) zu nennen. Als ich dies mit John v. Neumann besprach, hatte er eine bessere Idee. v. Neumann sagte mir: ›Sie sollten es Entropie nennen, und zwar aus zwei Gründen. Erstens ist Ihre Ungewißheitsfunktion schon in der statistischen Mechanik im Gebrauch und trägt dort diese Bezeichnung, so daß Ihre Funktion bereits einen Namen hat. Und zweitens, was viel wichtiger ist, niemand weiß, was Entropie wirklich ist, so daß Sie in einer Debatte immer im Vorteil sein werden.‹« (Übersetzung von mir, PJ. Hier ist für das Englische »uncertainty« das deutsche Wort »Ungewißheit« gewählt, obgleich üblicherweise, z. B. im deutschen Text von Shannon und Weaver, von »Unsicherheit« die Rede ist. Ein Teil der Unschärfe dieser Debatte liegt gerade in einer *mangelnden Unterscheidung von Gegenstand und dem Reden über den Gegenstand*. In der üblichen Sprachvergessenheit der Naturwissenschaften wird, was in Wahrheit ein partielles Nichtwissen des beschreibenden Menschen ist, gerne dem Objektbereich der mehr oder weniger wahrscheinlichen Zustände bzw. Zeichenreihen zugeschrieben. Kritisch besehen geht es aber sowohl in der Informationstheorie wie in der Thermodynamik nicht um die Zustände vor und nach einer Nachrichtenübertragung bzw. eines Wärmeübergangs, sondern um das jeweilige Wissen davon. Deshalb wird hier von »gewiß« bzw. »ungewiß« gesprochen, weil das Wortpaar »sicher«/»unsicher«, seiner Etymologie nach dunkel, jedenfalls in der Sprache der Techniker – vgl. elektrische Sicherung, Sicherheitsschloß – allzu leicht eine Eigenschaft des beschriebenen Gegenstandes und weniger der Beschreibung des Gegenstandes nahelegt.)
Hier sollen strategische Überlegungen zu den Vorzügen einer Bezeichnungswahl in den Wissenschaften nicht kritisiert werden. Im Überlebenskampf der Konzepte und Theorien spielt, durch manches historische Beispiel belegbar, eine glückliche Wortwahl oft eine wichtige, manchmal eine entscheidende Rolle. So weisen denn die beiden Autoren des Artikels von 1971 zu Recht darauf hin, daß die Shannonsche Namengebung unter theoretischen Physikern großes Interesse hervorrief. Beiläufige Erwähnung findet dann Leon Brillouin, der in einer Reihe von Schriften die Gleichheit der beiden Entropiebegriffe, genauer in einem »Negentropy Principle of Information« die Gleichheit von Entropie und negativer Information, behandelte. In einer

jüngeren philosophisch-naturwissenschaftlichen Einführung in die Informationstheorie (Holger Lyre, 2002) heißt es dazu: »Informationsentropie und thermodynamische Entropie sind formal identisch. Beide Größen sind gleich, wenn man Entropie als potentielle Information, also als Maß der Anzahl der möglichen Mikrozustände im Makrozustand deutet.« (48)
Hier sollen die Facetten, in denen Informationstheorie und theoretische Physik verbunden werden bis hin zur Quantenphysik, nicht weiterverfolgt werden. Es reicht hier zu wissen, daß nach Aussage ihres Urhebers eine Bezeichnung Karriere macht, die aus strategischen Gesichtspunkten gewählt wurde. Shannon ging so weit, auf Anraten v. Neumanns sein Informationsmaß mit demselben Buchstaben H zu bezeichnen, um explizit eine Analogie zur H-Funktion der Thermodynamik bei Ludwig Boltzmann herzustellen. War hier eine List der Vernunft am Werk? Hat hier vielleicht ein genialer Theoretiker (Shannon) eine Verbindung geahnt, die nachgerade sensationell wäre: Ausgehend von der technischen Aufgabe, Nachrichtenkanäle wie Überseekabel für Telefongespräche zu optimieren, findet sich eine Invariante, nämlich ein Informationsmaß für Nachrichten, das von der Form der Nachricht (Morsealphabet, Fernschreiber, gesprochene Sprache) unabhängig ist; eine Invariante, die strukturgleich ist, ja inhaltlich dasselbe bedeutet wie eine Invariante in der Untersuchung des Energieflusses beim Umsatz von Wärme und mechanischer Energie?

Aufklärung über Strukturen

Trotz des unbestrittenen Erfolgs der Shannonschen Informationstheorie und der Thermodynamik empfiehlt sich eine gewisse Verblüffungsresistenz angesichts folgender Tatsache: In dem einen Bereich geht es um Kommunikation, Nachrichten und Information, wenn auch in klarer Beschränkung auf das technische Problem, einen Transport von »Signalen« durch Raum und Zeit zu optimieren. Im anderen Fall geht es jenseits der klassischen deterministischen Mechanik um (klassische) statistische Physik, wo mechanische und thermische Energie ineinander umgewandelt werden. Dabei wird die makroskopische Größe Temperatur als mikroskopische Bewegungsenergie von Molekülen im statistischen Mittel betrachtet und beherrscht. Hier trügt der erste Schein nicht: Die eine Theorie betrifft *die technische Beherrschung einer menschlichen Tätigkeit* (des Redens und Verstehens), die andere betrifft *Naturgegenstände oder -vorgänge*, sofern man den Gegenständen einer gerätegestützten, messenden und experimentierenden Physik überhaupt Natürlichkeit zusprechen möchte – und nicht vielmehr Künstlichkeit wegen ihres technikabhängigen Charakters.

Ist dies nur ein weiterer Fall der Metaphorisierung, wonach im Zeichenprozeß nach Morris nicht zwischen menschlicher Rede, tierischem Verhalten, Reizung oder mechanischer Reaktion unterschieden wird? Oder ist dies eine Metaphorisierung im selben Sinne, wie der Kommunikationsbegriff herunter bis zum Flüssigkeitstransport in kommunizierenden Röhren naturwissenschaftlich ausgedehnt wird? Hier liegen die Dinge etwas anders.

Hier stehen sich ja nicht *die Handlungen* des Kommunizierens, genauer des absichtsvollen Sprechens und des absichtsvollen Verstehens einerseits, und *Naturvorgänge* in der Erdatmosphäre oder *»naturgesetzliche« Vorgänge* in Wärmekraftmaschinen andererseits gegenüber. Sich gegenüber stehen vielmehr in beiden Fällen *Modelle*. Mit anderen Worten, beide Phänomenbereiche müssen durch Modellbildungen erst derart transformiert werden, bis die »entdeckten« Strukturgleichheiten von Informationstheorie und Thermodynamik faßbar werden. Oder etwas anders formuliert: Man muß zu beiden Phänomenbereichen erst eine abstrahierende und letztlich philosophierende Perspektive einnehmen, um beiden eine Strukturgleichheit abgewinnen zu können.

Im Falle des Maßes der Information nach Shannon sind hierfür starke Prämissen zu akzeptieren: Dies läßt sich, stellvertretend für ungezählte andere, ähnliche Wege, am genannten Artikel aus dem »Scientific American« demonstrieren: Hier wird z. B. eine Frage F einer Menge aller möglichen Antworten gegenübergestellt und vorgeschlagen, nur das *eine Frage zu nennen*, wofür *die vollständige Menge aller möglichen Antworten bekannt* ist. Dazu wird erläuternd vorgeschlagen, das Fragen so zu verstehen, daß dort keine Frage gestellt wurde, wo die möglichen Antworten unbekannt sind – sicher eine befremdliche Annahme für die Rolle des tatsächlichen Fragens und Antwortens in menschlicher Kommunikation. Dabei nämlich sind Fragen, sprachphilosophisch gesehen, Aufforderungen an einen

Gesprächspartner, gleichsam die Fehlstellen eines unvollständigen Satzes aufzufüllen (entweder durch Beantwortung von Satzfragen mit ja, nein, weiß nicht usw. oder von Wortfragen wer, was, wann, wo, wie? durch die entsprechende Angabe). Das heißt, eine *Frage einer Person an eine andere* ist nur dort sinnvoll, wo die gefragte (aufgeforderte) Person selbst frei entscheidet, was sie tut; wo also die Antwort offen ist und nicht nur auswählt aus einer abgeschlossenen Liste möglicher Antworten, die gar noch der Fragende aufstellt!

Wo dagegen die Menge aller möglichen Antworten nicht bekannt ist, habe man Fragen so zu interpretieren, daß sie lediglich um Hilfe bitten, diese Frage erst einmal richtig zu formulieren – so die Erläuterung der Autoren zur Shannonschen Theorie.

In dieser Exposition gehe es darum, zu beurteilen, welche Antwort (von allen möglichen) die richtige ist. Dabei ergeben sich zwei mögliche Extremfälle: Entweder man weiß, welche Antwort richtig ist – und damit auch, daß alle anderen möglichen Antworten falsch sind. Der andere Extremfall besteht darin, daß alle möglichen Antworten gleich wahrscheinlich sind und damit zum System »Frage plus Menge aller möglichen Antworten« ein maximales Unwissen (»Ungewißheit«) besteht. Abgesehen von solchen besonderen Spezialfällen würde, so die Autoren, ein Wissen über die richtige Antwort irgendwo zwischen Null (diese Antwort ist völlig unmöglich) und Eins (diese Antwort ist mit völliger Sicherheit richtig) liegen.

Dieser Modellierungstrick, der in der Darstellung des Shannon-Maßes als Unsicherheit oder Entropie liegt, nämlich als Ungewißheit der Auswahl aus einem *vorgegebenen Vorrat* von Antworten, allgemeiner von Zeichen, baut die Brücke zur Thermodynamik: Dort geht es, vereinfacht gesagt, um Modelle zur Erklärung von Phänomenen, die auch dem Laien bekannt sind. Bringt man zwei Körper verschiedener Temperatur in Kontakt, erwärmt der wärmere den kälteren bis zum Erreichen der gleichen Temperatur. Dies gilt für feste, flüssige und gasförmige Körper. Fragt man nach einem mikroskopischen, d. h. die Mechanik der einzelnen Partikel (Moleküle) betreffenden Modell, so kann man sich z. B. zwei Abteilungen eines geschlossenen, isolierten Behälters vorstellen (beide Teile mögen bei gleichem Volumen denselben Druck, aber verschiedene Temperatur ihrer Gasinhalte haben). Dann wird der Temperaturausgleich durch Öffnen der Trennwand diskutiert. Die Pointe, die die Brücke

zur Informationstheorie schlägt, ist dabei, daß auch die Thermodynamik hier *den Begriff des Wissens* ins Spiel bringt und die Aufenthaltswahrscheinlichkeiten der Moleküle in den beiden Hälften des Behälters als »Wissen von« bzw. »Nichtwissen von« beschreibt. Was zunächst für die Objektebene empirisch unstrittig ist, nämlich daß nach einer gewissen Weile in beiden Teilen des Behälters gleich viele Moleküle sein werden, daß aber unter keinen Umständen sich alle Moleküle in der einen Hälfte des Behälters versammeln, wird, da es sich ja um eine Modellvorstellung und nicht um eine durch Beobachtung kontrollierbare Behauptung handelt, *als Wissen* von der Wahrscheinlichkeit *aufgefaßt*: Man weiß, daß die Gleichverteilung der Partikel die Wahrscheinlichkeit Eins, die Versammlung aller Partikel in einer Hälfte die Wahrscheinlichkeit Null hat.
In beiden Ansätzen, dem informationstheoretischen und dem wärmetheoretischen, werden jeweils die beiden Zustände vor und nach einem Übergang verglichen, in der Informationstheorie vor und nach dem Übergang einer Nachricht auf den Empfänger, im thermodynamischen Modell vor und nach dem Wärmeausgleich. Verteidiger der These, die Shannonsche Namensgebung »Entropie« für sein Informationsmaß entspreche *auch inhaltlich*, nicht nur formal der thermodynamischen Entropie, stützen sich dann etwa auf folgendes Argument (Carl Friedrich v. Weizsäcker 1985, zitiert nach Holger Lyre 2002, S. 47): »Man hat Information mit Wissen, Entropie mit Nichtwissen korreliert und folglich die Information als Negentropie bezeichnet. Dies ist aber eine begriffliche oder verbale Unklarheit. Shannons H ist auch dem Vorzeichen nach gleich der Entropie. H ist der Erwartungswert des Neuigkeitsgehalts eines noch nicht geschehenen Ereignisses, also ein Maß dessen, was ich wissen könnte, aber zur Zeit nicht weiß. H ist ein Maß potentiellen Wissens und insofern ein Maß einer definierten Art von Nichtwissen. Genau dies gilt auch von der thermodynamischen Entropie. Sie ist ein Maß der Anzahl der Mikrozustände im Makrozustand. Sie mißt also, wieviel derjenige, der den Makrozustand kennt, noch wissen könnte, wenn er auch den Mikrozustand kennenlernte ... Die Entropie ... nennen wir die im Makrozustand enthaltene potentielle Information. Sie ist am größten für den thermodynamischen Gleichgewichtszustand ... In ihm ist die aktuelle Information über die Mikrozustände am kleinsten.«
Damit dieser Vergleich zweier Exemplare von Wissen bzw. Nicht-

wissen adäquat ist, müssen also mehrere Bedingungen erfüllt sein: Wo einerseits im Informationsmodell eine wohlbestimmte, endliche Anzahl möglicher »Antworten« (oder Zeichen bzw. Zeichenkombinationen aus einem endlichen Zeichenvorrat) gegeben sein muß, muß im thermodynamischen Beispiel der Makrozustand »Temperatur« durch eine endliche Anzahl von Partikeln und deren Aufenthalt im einen oder anderen Teil des Gefäßes (Mikrozustände) bestimmt sein. Dadurch wird in beiden Fällen die Entropie ein relatives Maß für das Nichtwissen – betreffend den »Neuigkeitsgehalt eines noch nicht geschehenen Ereignisses als Maß dessen, was man wissen könnte, aber zur Zeit nicht weiß«. Entscheidend ist, wie v. Weizsäcker richtig feststellt, daß dies ein Maß einer »definierten Art« von Nichtwissen ist, nämlich relativ zu einem Wissen von der Gesamtmenge der Möglichkeiten – entsprechend dem thermodynamischen Makrozustand.
Anscheinend stört sich kaum jemand daran, wie unangemessen diese Modellierung auf seiten der Informationstheorie ist, die hier *durch Angleichung an die Modellierung der Thermodynamik* gefunden wird. Nicht nur ist es die dem üblichen Verständnis von Frage und Antwort zuwiderlaufende Prämisse, für jede Frage schon eine komplette Übersicht über die möglichen Antworten zu kennen. Es ist auch die noch absurdere Unterstellung, hier die Rollen des Fragenden und des Antwortenden aus der üblichen Kommunikationssituation zu ignorieren und statt dessen einen *archimedischen Beobachter* zu fingieren, der das Wechselspiel von Sender (Fragendem) und Empfänger (Antwortendem) vor und nach Übertragen der Nachricht von außen beobachtet und beschreibt, um dadurch dem Empfänger einen noch nicht gewußten, aber durch die Nachricht übermittelten Neuigkeitsgehalt zuzuschreiben.
Der verblüffende Aufstieg eines auf Durchsetzung der Theorie abzielenden Coups der Namensgebung zur Gleichsetzung der beiden Geschehnisse »Eine Nachricht geht von einem auf einen anderen Menschen über« und »Eine Portion Energie geht von einer auf eine andere Gasmenge über« hat also starke, die weitere Dogmengeschichte bestimmende Prämissen, die es nun genauer zu betrachten gilt. Worauf beruht diese nach Meinung ihrer Vertreter schließlich gelungene Gleichsetzung?

Die Naturalisierung der Information ist nicht vom Himmel gefallen. Sie ist vielmehr ein zielgerichtet betriebener Prozeß, der von seinen Zielen her klar ist, nämlich die Information zum Gegenstand der Naturwissenschaften umzubauen. (Daß dies ein Umbau ist, wird nicht zu bestreiten sein, da er doch bei der menschlichen Kommunikation und ihrer technischen Unterstützung durch Telefonie, Telegraphie usw. ausgegangen ist.)
Aber die Gründe dieses Umbaus liegen im dunkeln. In ihm treffen sich zahlreiche durch begriffliche Nachlässigkeiten getragene Vorurteile. Das erste wurde bereits mehrfach angesprochen: daß nämlich die Wörter, deren Bedeutung an Leistungen des sprachlichen Kommunizierens zwischen Menschen festgelegt ist, auf tierische, pflanzliche oder unbelebte Vorgänge übertragen werden wie im Falle des »Kommunizierens«. Das zweite, damit eng verknüpfte Vorurteil ist die Weigerung, *Mensch und Natur adäquat*, d.h. im Hinblick auf Sprache und Handlung, *zu unterscheiden*. Das dritte, ebenfalls damit aufs engste verknüpfte, ist die Weigerung, *natürlich* und *künstlich bzw. technisch* zu *unterscheiden*: Alle Artefakte, die Meßgeräte der naturalistisch mißverstandenen Physik ebenso wie die Apparate zur Nachrichtenübermittlung oder die Regelkreise und Rechenmaschinen des Kybernetikers, sind allein unter Zuhilfenahme *menschlicher Zwecksetzungen* von Konstrukteuren, Erbauern und Verwendern hinreichend in ihrer Funktion bestimmt. Gase in Behältern dagegen, Pflanzen unter Lichteinfall und sogar Eichhörnchen jagende Hunde *verhalten* sich nur *natürlich*, bzw. »naturgesetzlich kausal«, sofern naturwissenschaftlich erforscht.

Die Pfade des Irrtums

Blickt man zusammenfassend zurück auf die drei Erblasten, nämlich (1) der Naturalisierung der Naturwissenschaften, (2) der Formalisierung der Theorien und (3) der Mechanisierung der Kommunikation, und versucht sie zu den Dogmengeschichten ins Verhältnis zu setzen, nämlich den Investitionen (1) in die Semiotik (Zeichentheorie als Sprachphilosophie), (2) in die Kybernetik (Maschinentheorie statt Ingenieurskunst) und (3) in Politik (nachträgliche Rationalisierung eines Bezeichnungscoups

statt Kategorientrennung), so legt diese Gliederung einen systematischen Zusammenhang der benannten Defekte, Fehler und Irrtümer nahe.
In der Tat lassen sich solche Beziehungen in Einzelfällen gut belegen. So findet sich z. B. das galileische Mißverständnis vom Naturcharakter der Instrumente im maschinentheoretischen Ansatz der Kybernetiker wieder. Die Naturalisierung der Naturwissenschaften im Sinne von Hertz – Isomorphie von Natur und Geist – ist direkt in der Semiotik von Morris am Unterscheidungsmangel menschlicher und tierischer Interpreten wiederzufinden. Die Formalisierung der Theorien durch D. Hilbert schlägt direkt auf die Priorität der Syntaktik bei Morris durch, die sich ihrerseits in der Beschränkung auf das »technische Problem« der mathematischen Kommunikations- bzw. Informationstheorie von Shannon und Weaver auswirkt. Die Mechanisierung der Kommunikation durch technische Systeme der Übertragung und Speicherung menschlicher Sprache durchzieht die Kybernetik wie die »politische« Gleichsetzung von Nachrichten- und Wärmeübergängen. Die Gleichsetzung von menschlichen und Maschinenfunktionen in der Mechanisierung der Kommunikation findet sich wieder in der Kybernetik usw.
Statt solcher Aufzählungen lockerer wirkungsgeschichtlicher Zusammenhänge läßt sich auch umgekehrt von den spezifischen Defekten der hier besprochenen Ansätze ausgehen: Allen gemeinsam ist ein *Mißverständnis des Menschen.* Er wird nicht als zielgerichtet zweckrational handelndes und (als Spezialform dieses Handelns) sprechendes Wesen gesehen. Wo bei Galilei die Zwecke des Experimentators in der Experimentier- und Meßkunst schlicht vergessen werden und wo bei Hertz das Gewinnen von Erfahrung nicht nach Labor- und Geschichtserfahrung unterschieden wird, der Mensch also zum Naturgegenstand wird, dessen sprachliche Äußerung von Wissen zur kultürlichen Nebensächlichkeit verkommt, wird im Formalismus Hilberts durch die Fixierung auf die Syntax das Interesse an den Inhalten einer sprachlichen Mitteilung aus der Wissenschaft eliminiert. Die Mechanisierung des Kommunizierens führt zur Verwechslung sinnvoller Rede mit natürlichen Schallereignissen. Der Weltbezug von sinnvoller Sprache wird, bei Morris, zum Behaviorismus des letztlich naturgesetzlichen Reagierens auf Signale. Diese verdienen ihrerseits ihre Bezeichnung nicht, weil sie schlichte ungerichtete Naturereignisse sind.

Kurz, es lassen sich unzählige Querverbindungen aus der Geschichte der Philosophien von Naturwissenschaftlern, Mathematikern und Technikern zur Geschichte von Begriff, Theorie und Technik der Information ziehen. Aber sicher ist es nicht überraschend, daß sich die systematischen Beziehungen der hier monierten ausgelassenen Unterscheidungen, unbegründeten Annahmen, dogmatischen Beschränkungen usw. nicht in einem strengen Sinne systematisieren lassen. Das ist ja Fehlern eigentümlich, daß sie nicht in systematisch kohärenter Absicht begangen werden, sondern sich einstellen – selbst ein dogmatischer Irrtum ist kaum ein systematisch gewollter Irrtum.
So hilfreich für eine Übersicht es wäre, ein logisch und methodisch geordnetes System von Fehlern aufzustellen, in dem die Materialisten, Kausalisten, Naturalisten, Realisten, Empiristen, Formalisten und andere auf philosophische Glaubenssätze fixierte Vertreter einer beschränkenden Auffassung verortet werden könnten, so ist dieser Zusammenhang wohl nicht herzustellen. Es handelt sich bei diesen Positionen vielmehr um Aspekte eines Zeitgeistes, der im Kontext der erfolgreichen empirischen Wissenschaften und der Technik im 19. Jahrhundert entsteht, um sich zu einer Debatte des Selbstverständnisses auszuweiten, das im Glauben an die großen Vorbilder Physik und Mathematik *die menschlichen Urheber dieser Leistungen vergißt.* Wenn man überhaupt einen perspektivischen Fluchtpunkt dieser Entwicklungen sucht, könnte dies ein durchgehaltenes *Mißverständnis der Rolle* sein, die der handelnde und sprechende Mensch in den technisch-naturwissenschaftlichen Entwicklungen *als Zwecksetzungs-, als Mittelwahl- und als Folgenverantwortungsautorität* spielt. Kurz, in allen hier monierten Defekten wird übersehen, daß die (philosophisch verfehlt interpretierten) *Leistungen von Naturwissenschaft, Technik und Mathematik* mit der Frage »Wozu?« konfrontiert werden können und müssen. Sie sind nämlich nur dadurch in die Welt gekommen, daß Menschen sie hervorgebracht haben – *als Kulturleistungen.* Naturalismus als allgemeine Klammer, die selbst die syntaktisch-formalistischen Übertreibungen aus Mathematik, Logik und Semiotik einschließt, bildet den Gegensatz zu einem Kulturalismus, der die Gemeinschaftlichkeit, Geschichtlichkeit und prinzipielle Irrtumsanfälligkeit der naturwissenschaftlich-technischen Bemühungen nicht aus den Augen verliert.
Ein solches Resümee ist vorläufig. Denn noch betrifft es nur die

Erblasten und die von ihnen beeinflußte Dogmengeschichte, die der heute weitverbreiteten Legende vom Naturcharakter der Information zugrunde liegt. Die nächste Aufgabe wird sein, sich mit den heute vorherrschenden Auffassungen zur Information in den einschlägigen Wissenschaften und Techniken auseinanderzusetzen. Dies geschieht im folgenden Kapitel.

4 Informationsbegriffe heute

Zu Informationsbegriffen, Informationstheorien, Informationswissenschaften, zu diesbezüglichen Techniken, Medienwissenschaften und entsprechender Politik gibt es eine nicht mehr überschaubare Literatur, eigene deutschsprachige Zeitschriften, eine zuständige Berufsorganisation und 2006 sogar das »Wissenschaftsjahr der Informatik«. Da ist selbst ein Überblick schwer, von Vollständigkeit ganz zu schweigen. Immerhin gibt es mutige Autoren, die sich der Herkules-Arbeit nicht entzogen haben, Überblicksdarstellungen zu schreiben oder sie, aus gefühlter oder gewußter Lückenhaftigkeit, als Einführung in diesen weiten Gegenstandsbereich deklarieren. Hier ist ein solcher Überblick mit irgendeinem Anspruch auf Vollständigkeit nicht intendiert. Vielmehr geht es um eine Legende, und jede Legende hat einen Kern. Diese Kerngeschichte erzählt, wie es dazu kam, die Information als Naturgegenstand mißzuverstehen.

Immerhin soll diese Legende soweit eine erzählbare Geschichte sein, daß ihre Helden und deren Taten identifizierbar werden. Ob die Legende dann verschiedene Erzählformen kennt, nämlich solche des Alltagslebens, zu der auch die journalistisch transformierten Meinungen von Wissenschaftlern und Philosophen gehören, oder der mathematischen, technischen und Naturwissenschaften oder gar der Geisteswissenschaften und der Philosophie, mag je nach Erzähler und Zuhörer variieren. Allgegenwärtig ist die Legende von der Naturalisierung der Information allemal. Deshalb wird die folgende Darstellung beim Leitbild für das heutige Verständnis von Information ansetzen, dem *nachrichtentechnischen Paradigma*. Der Grund ist einfach: Wo immer eine Debatte zu diesem Thema geführt wird, greift sie auf ein paar elementare Erläuterungen zurück, die aus dem nachrichtentechnischen Zusammenhang stammen. Schließlich sind hier die luziden Alltagsbeispiele zu finden, die wir alle aus dem täglichen Umgang mit der einschlägigen Technik kennen, dem Telefon, dem Internet, der Unterhaltungselektronik usw.

Im ersten Schritt wird deshalb der »Nachrichtenkomplex« zu behandeln sein. Ein Komplex zeigt sich hier im doppelten Sinne des Wortes: komplex im Sinne eines verwobenen Zusammenhangs zwischen dem Standardbeispiel von Sender und Empfän-

ger letztlich mit allem, was aus Ursachen oder aus Gründen geschieht; und als Komplex im psychologischen, genauer im psychoanalytischen Sinne, wonach affektgeladene Erlebnisse aus dem Bewußtsein verdrängt werden und als Fehlleistungen weiterwirken, nämlich als Nachrichtentechnik ohne Nachrichten. Wo das griechische Lehnwort »Technik« noch auf eine Kunst und auf etwas Künstliches verweist, ist die aus der Nachrichten*technik verdrängte sprachliche Kommunikation unter Menschen* das Boot, das zum Naturalismus übersetzt. Dort angekommen, findet sich am Ufer das Geschwätz der Moleküle und Neuronen als die heute attraktive Form der Kommunikation. Sie wird im zweiten Schritt als Erklärungsgrundlage naturwissenschaftlicher Informationsverständnisse zu betrachten sein. Dabei ist nicht mehr auszumachen, ob es eher die Werbetexter und Designer oder eher die Fachwissenschaftler sind, denen alles zur Sprache gerät, vom Dialog von Form und Farbe bis zur Konversation der Moleküle und Neuronen.
Wo schließlich die philosophische Dogmengeschichte alle Unterschiede eingeebnet hat, solche von Mensch und Natur, von Natur und Technik, von Handeln und Funktionieren, von Körper und Geist, wo also nur noch ein Einheitsdogma von der »Strukturtheorie für alles« herrscht, muß drittens der Geist in der Maschine in den Spielarten der zuständigen Wissenschaften und Philosophien betrachtet werden. Dies ist also die Gliederung des folgenden Kapitels.

Der Nachrichtenkomplex

Je nach Interesse und Sichtweise lassen sich unterschiedliche Informationsbegriffe ausmachen: neben einem nachrichtentechnischen (aus der hier im Zentrum stehenden »mathematischen Theorie der Information/Kommunikation« von C. Shannon und W. Weaver) etwa ein algorithmischer Informationsbegriff, der seinerseits auf die Grundbegriffe bestimmter Wissenschaften wie der Physik, der Biologie, der Kognitionspsychologie oder einer Spezialphilosophie des Geistes zurückgreift. Aber naturalistisch sind sie alle, und alle haben ihren Gegenstandsbezug in Beispielen, die entweder das Grundbeispiel der Nachrichtenübertragung ist oder durch dieses dargestellt werden kann. Das ist der Charme des nachrichtentechnischen Ansatzes. Er paßt, zumal in naturalistischem Verständnis, auf alles, was mit Information gemeint sein mag.

Morris läßt grüßen

Die Theorie der *Kommunikation*, wie es noch im englischen Originaltitel heißt, oder der *Information*, wie dann der deutsche Titel lautet, betrifft die Wechselwirkung zwischen zwei Objekten, die als »Sender« und »Empfänger« bezeichnet werden. Ziel der Theorie ist die Lösung des nachrichtentechnischen Problems, die Leistung eines Übertragungskanals, in dem (unvermeidlich) Störungen auftreten, zu quantifizieren und seinen Wirkungsgrad technisch zu optimieren. Eine explizite Definition von »Information« kommt dabei nicht vor (und wird auch dafür nicht benötigt). Vielmehr wird zunächst an den technisch bekannten Mitteln der Nachrichtenübertragung – klassisches Beispiel ist der Funkverkehr über das Morsealphabet – als Maß der Information das Maß für den Aufwand (Zahl der Alternativentscheidungen) gewählt, aus einem diskreten Zeichenvorrat wie den Buchstaben eines Alphabets eine konkrete Zeichenreihe wie den Wortlaut eines Telegramms auszuwählen. In weiteren Schritten verfolgt dann die Theorie den Übergang von diskreten zu kontinuierlichen Nachrichten, wie sie etwa in kohärent gesprochener Rede vorliegen und bei einem Telefongespräch zu übertragen sind.

Der Aufbau der mathematischen Theorie selbst, wie er von Shannon vorgelegt wird, macht an keiner Stelle tatsächlich Gebrauch davon, daß es sich bei einem vorgegebenen »Zeichenvorrat« um *Zeichen* handelt, d. h. daß sie als Zeichen in dem Sinne zu verstehen sind, daß ein Mensch einem anderen »ein Zeichen gibt«, also etwas zeigen oder anzeigen will. Aber wir greifen vor.

Bevor W. Weaver mit dem ersten Teil des gemeinsamen Buches zu Wort kommt, mag der Urheber der eigentlichen »mathematischen Theorie der Kommunikation«, C. E. Shannon, in seiner Einführung selbst gehört werden:

»Das grundlegende Problem der Kommunikation besteht darin, an einer Stelle entweder genau oder angenähert eine Nachricht wiederzugeben, die an einer anderen Stelle ausgewählt wurde. Oft haben die Nachrichten *Bedeutung*, d. h., sie beziehen sich auf gewisse physikalische oder begriffliche Größen, oder sie befinden sich nach irgendeinem System mit diesen in Wechselwirkung. Diese semantischen Aspekte der Kommunikation stehen nicht im Zusammenhang mit den technischen Problemen. Der technisch bedeutungsvolle Aspekt ist, daß die tatsächliche Nachricht *aus einem Vorrat von möglichen Nachrichten ausgewählt* worden ist. Das System muß so entworfen werden, daß es für jede mögliche Nachricht funktioniert, nicht nur für die eine, die tatsächlich ausgewählt wird, da diese zum Zeitpunkt der Konstruktion noch unbekannt ist.« (41, Hervorhebung im Original) Hier nennt also der Autor einer Theorie die Voraussetzungen, unter denen seine Theorie steht – selbstverständlich ein legitimer erster Schritt. Wohlwollend gelesen, soll hier »Kommunikation« nicht in einem umfassenden Sinne *definiert* werden, sondern unter einem speziellen, eben dem der technischen Nachrichtenübertragung, entwickelt werden. Der Begriff eines »Vorrats von möglichen Nachrichten« hat also nichts mit der Offenheit menschlicher Kommunikanten zu tun, sondern *mit den funktionalen Beschränkungen eines technischen Systems*, also der verwendeten Geräte.

Anschließend begründet Shannon, warum in einer Statistik für das Vorkommen einzelner Nachrichten ein logarithmischer Maßstab vorteilhaft ist, um dann fortzufahren:

»Mit einem Kommunikationssystem bezeichnen wir ein System der Art, wie es schematisch in Abbildung 1 aufgezeichnet ist. Es besteht aus fünf notwendigen Teilen:

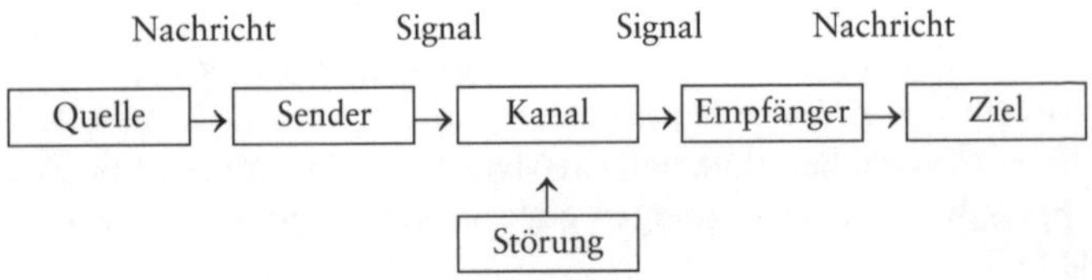

1. einer *Nachrichtenquelle*, die eine Nachricht oder eine Nachrichtenfolge produziert, die dem Empfänger mitgeteilt wird. Die Nachricht kann verschiedener Art sein: (a) eine Folge von Buchstaben wie in einem Telegraphie- oder Fernschreibsystem; (b) eine reine Funktion der Zeit f (t) wie bei Radio oder Telefon; (c) eine Funktion der Zeit und anderer Variabler wie im Schwarz-Weiß-Fernsehen ... (d) zwei oder mehr Funktio-

nen der Zeit ... – dies ist der Fall in der ›dreidimensionalen‹ Klangübertragung ... (e) verschiedene Funktionen verschiedener Variablen – im Farbfernsehen ... (f) auch verschiedene Kombinationen kommen vor, z. B. ist das Fernsehen mit einem Hörfunkkanal gekoppelt.

2. einem *Sender*, der eine Nachricht auf irgendeine Weise umformt, um ein Signal zu erzeugen, das für die Übertragung über den Kanal geeignet ist. In der Telefonie besteht diese Operation einfach darin, den Schalldruck in einen proportionalen elektrischen Strom umzuwandeln. ...
3. Der *Kanal* ist nur das Mittel, das man benützt, um das Signal vom Sender zum Empfänger zu übertragen. Es können ein paar Drähte sein, ein Koaxialkabel, ... Während der Übertragung ... kann das Signal gestört werden.
4. Der *Empfänger* führt normalerweise den entgegengesetzten Arbeitsgang des Senders durch, indem er die Nachricht wieder aus dem Signal rekonstruiert.
5. Das *Nachrichtenziel* ist die Person (oder die Sache), für die die Nachricht bestimmt ist.« (44)

Daran schließt Shannon die mathematische Beschreibung der einzelnen Komponenten in ihren Funktionen an, gegliedert in diskrete, kontinuierliche und gemischte Systeme, zunächst als ungestörte und dann als gestörte Prozesse.

Die Beispiele, an denen Shannon Anfang und Ende des Nachrichtenweges erläutert, die Nachrichtenquelle und das Nachrichtenziel, decken sich mit den uns heute allgemein bekannten Beispielen der Nachrichtentechnik und scheinen deshalb keine besondere Aufmerksamkeit zu verdienen – außer der schon erwähnten, daß das *Erzeugen einer Nachricht* oder einer Nachrichtenfolge gedeutet wird als *Auswahl aus einer Menge möglicher Nachrichten.* Was eine Nachricht »ist« oder was sie definiert, bleibt unerwähnt. Bei den Buchstaben, aus denen ein Text besteht, ist diese »Auswahl« für einen ersten, noch oberflächlichen Blick plausibel und läßt sich dann auch etwa auf das Fernsehen übertragen: Es geht also z. B. nicht um irgendeine Menge möglicher Bilder, sondern um die Grenzen des Systems zur Nachrichtenerzeugung, etwa die Grenzen der Auflösung eines durch die Linse der Kamera fallenden Bildes in einzelne Bildpunkte nach einer Skala von Helligkeitswerten.

Nachdem damit der Gegenstandsbereich, den Shannon in seiner Theorie abhandelt, genannt ist, mag Weaver mit seiner Erläuterung, genauer seiner »Einführung in die analytische Behandlung der Kommunikation«, zu Wort kommen:

»Der *Begriff der Kommunikation* wird hier in einem sehr weitläufigen Sinn gebraucht, um alle Vorgänge einzuschließen, durch die gedankliche Vorstellungen einander beeinflussen können. Dies bezieht sich natürlich nicht nur auf die Sprache in Wort und Schrift, sondern auch auf Musik, Malerei, Theater und Ballett, eigentlich auf alles menschliche Verhalten. In manchem Zusammenhang erscheint es wünschenswert, eine noch umfassendere Definition des Begriffs Kommunikation zu verwenden, insbesondere wenn man Vorgänge mit einschließen will, durch die eine Maschine (z. B. ein Automat, der ein Flugzeug aufspürt und dessen wahrscheinliche zukünftige Position berechnet) eine andere Maschine beeinflußt (z. B. eine Lenkwaffe, die dieses Flugzeug verfolgt).« (11-12)

Hier stehen spezifisch menschliche Kommunikationsformen unverbunden neben maschinellen – denn was sollte es bei einer Lenkwaffe in der Verfolgung eines Flugzeugs heißen, daß hierbei »gedankliche Vorstellungen einander beeinflussen«? Der fehlende Übergang von Mensch auf Maschine in der ersten Erläuterung von »Kommunikation« weckt das Interesse für die folgende Analyse Weavers. Er unterscheidet *drei Problemebenen* anhand dreier Fragen:

»Ebene A. Wie genau können die Zeichen der Kommunikation übertragen werden? (Das technische Problem).

Ebene B. Wie genau entsprechen die übertragenen Zeichen der gewünschten Bedeutung? (Das semantische Problem).

Ebene C. Wie effektiv beeinflußt die empfangene Nachricht das Verhalten in der gewünschten Weise? (Das Effektivitätsproblem).« (12)

Es folgen Erläuterungen der drei Problemsorten: Unter dem technischen Problem wird die Güte der Übertragung von Zeichenfolgen vom Sender zum Empfänger bei Störungen im Übertragungsweg verstanden. Die semantischen Probleme »betreffen die völlige Übereinstimmung oder genügend gute Näherung *der Interpretation der Nachricht beim Empfänger*, verglichen mit der *vom Sender gewünschten Bedeutung*. Dies ist eine sehr schwierige und verwickelte Situation, sogar wenn man sich *nur mit den relativ einfachen Problemen der Kommunikation durch die Sprache befaßt.*« (13, Hervorhebungen PJ) Es folgt ein triviales Beispiel eines Gesprächs zwischen zwei Herren X und Y, die sich nicht recht verstehen und dies zum Thema machen, woran Weaver eine reichlich naive Erläuterung anschließt. Erklärungen (in einem Zwiegespräch zur Erläuterung der eigenen Rede) sind »vermutlich nie mehr als eine Näherung an die zu erklärenden Gedanken«, werden aber »verständlich, da sie in einer Sprache formuliert sind, die vorher durch Gesten und Handlungen einigermaßen klar vermittelt worden ist. Zum Beispiel dauert es nicht lange, das Zeichen für ›ja‹ in irgendeiner Sprache durch eine Handlung verständlich zu machen.« (13, der Leser möge zurückblättern zur Naturalisierung der Physik durch Heinrich Hertz, bei der es ebenfalls um gedankliche Abbilder natürlicher Gegenstände geht und nicht etwa um das Verhältnis von Gegenständen und ihrer sprachlichen Beschreibung.)

Man ist geneigt, das folgende Beispiel (aus dem Jahr 1949!) zu überlesen, wonach »die Bedeutung einer amerikanischen Wochenschau für einen Russen« die Schwierigkeit semantischer Probleme veranschauliche, um beim Effektivitätsproblem anzukommen:

»Die Effektivitätsprobleme beziehen sich auf den Erfolg, mit dem die Nachricht, die dem Empfänger übermittelt wurde, zu einem *vom Sender beabsichtigten Verhalten* führt.« (13) Offensichtlich sind diese Bemerkungen Weavers nicht nur begrifflich nachlässig, sondern wirr, bezogen auf das zugrundeliegende Modell: Waren nicht *Sender* und *Empfänger* von *Nachrichtenquelle* und *Nachrichtenziel* unterschieden, genauer, waren sie nicht nur die Geräte, die etwa eine gesprochene Nachricht (wie beim Telefon) in Schwankungen elektrischen Stroms umsetzen? Oder sollen jetzt Geräte Absichten haben? Wurden nicht dem Empfänger *Signale* (statt Nachrichten) übermittelt, die dieser erst in Nachrichten umwandeln sollte? Kurz, Weaver ist bei seiner Erklärung zur Kommunikation an begrifflicher Nachlässigkeit kaum mehr zu überbieten. Er ignoriert die eigene Terminologie, ja das eigene, von Shannon unverändert übernommene System der fünf Komponenten und ihrer Funktionen. Als Grund darf man vermuten, daß es am Ende doch nur um die drei »inneren« Komponenten des Systems, nämlich Sender, Kanal und Empfänger, geht und damit gerade nicht um Erzeugung und Interpretation von Nachrichten. *Allein die Codierungs- und Decodierungsfunktion unter Störung ist Gegenstand der Nachrichten- und damit adäquater der Signalübertragungstheorie. Selbst daß*

es sich um »Signale« (von lateinisch »signum«, »Zeichen«) handelt, ist dafür unerheblich.
Es folgen bei Weaver dennoch einige (überraschende) Schritte: »Auf den erste Blick mag die Annahme, es sei der Zweck aller Kommunikation, das Verhalten des Empfängers zu beeinflussen, als eine unerwünschte Beschränkung erscheinen. Mit einer einigermaßen weiten Auslegung des Begriffs Verhalten ist es jedoch klar, daß *Kommunikation entweder das Verhalten beeinflußt oder aber ohne irgendeine ersichtliche und wahrscheinliche Wirkung bleibt.*
Das Problem der Effektivität führt zu ästhetischen Betrachtungen im Fall der schönen Künste. Im Fall der geschriebenen oder gesprochenen Sprache werden Überlegungen notwendig, die von der bloßen Technik des Stils über all die psychologischen und emotionalen Gesichtspunkte der Propaganda-Theorie bis hin zu jenen Wertvorstellungen reichen, die nötig sind, um den Worten ›Erfolg‹ und ›beabsichtigt‹ eine nützliche Bedeutung zu verleihen ... Das Effektivitätsproblem ist eng mit dem semantischen Problem verbunden und überschneidet sich mit ihm auf eine schwer bestimmbare Art; tatsächlich bestehen Überschneidungen zwischen all den hier vorgeschlagenen Kategorien von Problemen.«
Korrigiert man als wohlwollender Leser diesen Text im Sinne der Verträglichkeit mit dem zugrunde gelegten Kommunikationsmodell, dann werden *der Nachrichtenquelle Absichten zugesprochen und dem Nachrichtenziel Reaktionen.* Daß hier die schönen Künste ins Spiel kommen und ästhetische Betrachtungen, Emotionen und Werte, ist immerhin ein Hinweis, daß Weaver bei Kommunikation nicht nur das triviale Zwiegespräch im Alltag, sondern den gesamten kultürlichen Bereich menschlicher Kommunikation ins Auge faßt. Wie wird der Bogen von diesem hohen Anspruch zu der dann tatsächlich behandelten Problemebene A, also mathematischen Strukturen von Signalen in der Telegraphie, Telefonie und des Fernsehens, geschlagen?
In einem direkt anschließenden »Kommentar« heißt es dazu bei Weaver: »Nach der vorgegangenen Darstellung könnte man zu der Annahme verleitet werden, die Ebene A stelle ein relativ oberflächliches Problem dar, da es nur die technischen Details eines guten Entwurfs für ein Kommunikationssystem betrifft, während die Ebenen B und C den meisten, wenn nicht den gesamten philosophischen Gehalt der Kommunikationstheorie ein-

schließen.« Und nach dem Eingeständnis, daß sich die folgende Theorie Shannons tatsächlich nur auf die (technische) Problemebene A beziehe, betont Weaver: »Aber die Theorie hat, wie ich glaube, eine tiefe Bedeutung, die eine Unterbewertung der Ebene A nicht gerechtfertigt erscheinen läßt. Ein Teil der Bedeutsamkeit der neuen Theorie kommt daher, daß auf den Ebenen B und C nur von dem Grad der Signalgenauigkeit Gebrauch gemacht werden kann, wie er auf der Ebene A analysiert wurde. So wirkt sich jede Beschränkung, die in der Theorie der Ebene A entdeckt wird, auch auf die Ebenen B und C aus. Die *weitaus größere Bedeutsamkeit der Ebene A* ergibt sich jedoch dadurch, daß die Analyse ihrer Probleme eine *stärkere Überlappung dieser Ebene mit den anderen beiden* offenbart, als man sich als Laie vorzustellen vermag. Dadurch ist die Theorie der Ebene A zumindest in einem bedeutsamen Grad *auch eine Theorie der Ebenen B und C*.« (14 f.)

Hier wird ein großes Versprechen gegeben. Nach der Trivialität, daß eine schlechte Übertragungsqualität einer technischen Übermittlung von Nachrichten die Verständlichkeit – wer hätte das gedacht? – einschränkt, folgt die keineswegs triviale Behauptung, das technische Problem effizienter Signalübertragung löse auch Fragen von Semantik und Pragmatik, also im menschlichen Gespräch Fragen des Verstehens und der Anerkennung des Gesagten durch den Hörer. Eine Begründung für diese starke sprachphilosophische These sucht der Leser allerdings vergebens. Anscheinend soll die Durchführung des nachrichtentheoretischen Programms durch Shannon die Begründung implizit enthaltenen, oder die investierte Sprachphilosophie fungiert hier als unkontroverse stillschweigende Prämisse.

Soweit das nachrichtentechnische Paradigma in der Selbsteinschätzung durch Weaver. Aber inwiefern sind darin die dogmatischen Erblasten zu erkennen, die oben als Vorgeschichte der Naturalisierung der Information dargestellt wurden? Hierzu muß man nun den schon in der Überschrift angedeuteten frappierenden Ähnlichkeiten nachgehen, welche die mathematische Theorie der Kommunikation/Information mit der Semiotik von Morris hat.

Da ist die Kurzcharakterisierung von »Kommunikation«, die zunächst auf Träger beschränkt ist (»gedankliche Vorstellungen«), die denken und sich etwas vorstellen können, also auf Menschen (»alles menschliche Verhalten«). Aber wie kommt hier unvermittelt die Kunst ins Spiel (»Musik, Malerei, Theater und Ballett«), führt das »Problem der Effektivität zu ästhetischen Betrachtungen im Fall der schönen Künste« (14)? Wie ist der Sprung motiviert, der von der gesprochenen oder geschriebenen Sprache »über all die psychologischen und emotionalen Gesichtspunkte der Propaganda-Theorie bis hin zu jenen Wertvorstellungen reichen, die nötig sind, um den Worten ›Erfolg‹ und ›beabsichtigt‹ eine nützliche Bedeutung zu verleihen«?

In der Sache bleiben diese Hinweise auf Kunst, Emotionen und Werte im gesamten Buch wie in der Theorie ein *Fremdkörper*. Die Sprache als wichtigstes Beispiel der Kommunikation wird als Markow-Prozeß mit statistischen Mitteln beschrieben und dabei als Auswahlprozeß »mit Blick auf die Gesamtheit der Dinge, die man sagen möchte« (38), betrachtet – eine schwerlich auf Kunst, Emotionen und Werte zu übertragende Betrachtung. Liest man jedoch die »Ästhetik der Zeichentheorie« von Morris, finden diese Sonderlichkeiten schnell eine Auflösung: Bei Morris ist Ästhetik die Wissenschaft von den ästhetischen Zeichen, als die ihrerseits die Kunstwerke interpretiert werden. »Ästhetik als Ganzes (wird) zu einer Unterabteilung der Semiotik« (92). Aber ganz reicht die Semiotik nicht hin, der Kunst beizukommen: »Ebenso wichtig wie die Zeichentheorie ist die Werttheorie«, »denn wir werden davon ausgehen, daß die ästhetischen Zeichen Werte – genauer Werteigenschaften – zu Designaten haben.« (94) (Die dabei von Morris investierte »Werttheorie« geht auf John Dewey und George H. Mead zurück und wird am Beispiel des Nährwertes eines Nahrungsmittels im Verhältnis zum Hunger erläutert.)

Für die Theorie von Shannon und Weaver spielt diese Subsumtion der Ästhetik unter die Semiotik an keiner Stelle irgendeine Rolle, ja sie widerspricht dem rein syntaktischen Ansatz der Theorie. Deshalb mag die befremdliche Erweiterung des Kommunikationsbegriffs durch Weaver auf Kunst, Emotionen und Werte mehr sein als bloß ein etwas unbeholfener Hinweis auf den Totalitätsanspruch der eigenen Theorie, der ja auch bei Morris mit dem erwähnten Anspruch, die gesamte Philosophie zu beerben, ausdrücklich erhoben wird.

Sieht man in diesem theoretischen Fremdkörper bei Weaver einen Hinweis auf eine versteckte Bezugnahme zu Morris, so kann man sich sensibilisieren lassen für weitere, der Interpretation der Shannon-Weaver-Theorie keinesfalls äußerliche Aspekte:

Wo Weaver die Probleme eines »Kommunikationssystems« (aus den fünf Komponenten Nachrichtenquelle, Sender, Kanal, Empfänger und Nachrichtenziel) erläutert, werden die Komponenten zunächst an den bekannten Beispielen von Telefon und Telegraphie dargestellt. Dann heißt es: »Bei der gesprochenen Sprache ist die Nachrichtenquelle das Gehirn, der Sender sind die Stimmbänder, die den sich ändernden Schalldruck (das Signal) erzeugen, der durch die Luft (den Kanal) übertragen wird.«
Hier ist die Verschiebung von der sprachlichen Kommunikation, bei der der menschliche Sprecher (also eine Person) die Nachrichtenquelle ist, auf eine Organismustheorie und damit auf naturwissenschaftliche Kausalerklärungen offensichtlich. Weavers Umgang mit den eigenen Unterscheidungen ist dabei, vorsichtig gesagt, mehr als großzügig: Die Stimmbänder codieren die neuronale Nachricht aus dem Gehirn in gesprochene Sprache. Wieso sind Nervenimpulse eine »Nachricht« und nicht etwa Signale? Auf der Empfängerseite sind »Ihre Ohren und die damit verbundenen Gehörnerven ... der Empfänger«. (16) Bei Weaver herrscht dieselbe Beliebigkeit wie beim Morrisschen Sprung zwischen Natur (dem jagenden Hund) und Kultur (dem Briefempfänger). Alles wird zu kausal erklärbarem »Verhalten«, bei Shannon und Weaver wie bei Morris. Semantik und Pragmatik, also Bedeutung und Geltung der gesprochenen oder geschriebenen Sprache, bleiben nicht mehr auf etwas spezifisch Menschliches beschränkt. Auch das »von einem Sender beabsichtigte Verhalten« zählt zu den Naturgegenständen. Absichten haben also nicht nur Menschen und Tiere, sondern auch Maschinen. Die Kernbestimmung der Semiose bei Morris, das *mittelbare-Notiznehmen-von* wird gleichbedeutend mit dem *mittelbar-Beeinflußtwerden-durch*. Ob etwas ein Zeichen für etwas ist, hängt nur von der Zuschreibung durch einen außenstehenden Beobachter des gesamten fünfkomponentigen Systems ab. Und ob diese Zuschreibung legitim ist, hängt nur von der Adäquatheit gegenüber den beschriebenen Kausalverhältnissen ab. Mit anderen Worten, bei Shannon und Weaver finden sich bis in alle Details hinein dieselben Gleichsetzungen von Gegenständen, die Bedeutung und Geltung tragen können (wie sprachliche Gegenstände) mit Naturgegenständen bzw. -vorgängen wie bei Morris.
Vor allem aber ist es der (in beiden Ansätzen nicht eingelöste) Anspruch, *mit den syntaktischen bzw. technischen Fragen* und ihren (wenigstens partiellen) Lösungen *zugleich etwas für die*

semantischen und die pragmatischen Probleme beigetragen zu haben. Wo bei Morris die Semantik eine »relativ weit entwikkelte Syntaktik voraussetzt«, wirken sich bei Shannon und Weaver die Beschränkungen auf der technischen Ebene auf Semantik und Pragmatik aus. Wo bei Morris (ganz im Sinne der Wissenschaftstheorie des Logischen Empirismus) die semantischen und Geltungsprobleme von Theorien (zumindest partiell) syntaktisch gelöst werden sollen, offenbart bei Weaver die Analyse der technischen Probleme mit den semantischen und pragmatischen »eine stärkere Überlappung ..., als man sich als Laie vorzustellen vermag.« Wie im Logischen Empirismus bis in die späten Arbeiten von Carl Gustav Hempel hinein, ja bis zur Philosophie des vermeintlichen Gegenpols Karl Popper die Bedeutungs- und Geltungsprobleme in den mathematischen Theorien der Physik am Ende doch syntaktisch gelöst werden sollten, ist bei Weaver die Theorie zu den technischen Problemen »zumindest in einem bedeutsamen Grad auch eine Theorie der Ebenen B und C«, also der semantischen und pragmatischen Seite der Kommunikation.
(Es ist hier nicht von Interesse, wie direkt oder indirekt die Verbindung von Morris zu Shannon und Weaver tatsächlich war. Es wäre eine Aufgabe für den Wissenschaftshistoriker, dieser Verbindung nachzugehen. Hier geht es um die verblüffenden Parallelitäten der beiden Hintergrundphilosophien von Morris und Shannon/Weaver, eine Spur, auf die man durch die gerade völlig zusammenhanglosen Hinweise auf Kunst und auf Werte bei Weaver als »Zeichen« geführt wird.)

»Hast du mich verstanden?« *Der semantische* deus ex machina *der Nachrichtentechnik*

Die technischen Probleme der Nachrichtenübertragung zu behandeln und zu lösen bedeutet keineswegs, darauf zu verzichten, eine Sprachphilosophie zu entwickeln, die klassische Fragen nach Bedeutung und Geltung sprachlicher Äußerungen betrifft. Aus philosophischer Sicht ist deshalb keine Kritik an einem – übrigens technisch außerordentlich erfolgreichen – Unternehmen zu üben. Anders liegen die Dinge, wenn dort eine Reduktion menschlicher Sprache auf nachrichtentechnische Struktu-

ren, also auf die zeitlichen Ablaufmuster physikalischer Wirkausbreitung, *als erschöpfend oder auch nur als einschlägig für die Fragen von Bedeutung und Geltung bezeichnet wird.*
Genau dies tun aber die »Mathematische Theorie der Kommunikation/Information« von Shannon und Weaver sowie die gesamte Tradition, in der dieses Paradigma verwendet wird. Wo, wie bei Morris, die Syntax die Leitdisziplin auch für Semantik und Pragmatik werden soll oder wo, wie bei Weaver, das physikalische Übertragungsproblem zwischen einer Codierungs- und einer Decodierungsmaschine »zu einem bedeutsamen Grad« auch eine Theorie von Bedeutung und Geltung kommunikativer Akte werden soll, bleibt der sprachphilosophische Ansatz unzureichend.
Hier hat sich eine Ideologie Bahn gebrochen, die nicht verleugnen kann, daß sie primär bei der Analyse der Sprache von Mathematik und Physik mit den Mitteln der formalen Logik angesetzt hat: Dort liegt immer eine (übrigens als Ergebnis einer langen Forschungsbemühung erreichte) *Theorie* vor. Sie ist das *abgeschlossene Sprachsystem*, auf das sich syntaktische und daran anschließend semantische und pragmatische Analysen beziehen. Es ist genau diese Vorgeschichte, die dann »Sprechen« im nachrichtentechnischen Zusammenhang als *bloßes Auswahlproblem* aus einer vorgegebenen Menge von Zeichen oder Zeichenkombinationen auffaßt und statistisch als Markow-Prozeß beschreibt.
Man braucht kein sprachphilosophischer Experte zu sein, um schon auf den ersten Blick zweierlei zu erkennen: Erstens findet das tatsächliche Sprechen von Menschen nicht als Auswahl von Wörtern oder Sätzen oder Texten aus einem vorgegebenen Repertoire von Texten statt. Solche Auswahlprozesse werden bestenfalls bei der Benützung eines Telefonbuchs oder auch eines Reime-Lexikons beobachtet. Und zweitens ist die Reduktion von Sprache auf Syntax bzw. auf Signalstrukturen *blind gegenüber der Frage, wie das gegenseitige Verstehen zweier Kommunikanten zustande kommt und geprüft werden kann.*
Die hier zu beobachtenden Fehler des ganzen Ansatzes zeigen sich in mehreren Aspekten: (1) Das zugrundeliegende Sprachverständnis ist *monologisch.* (2) Es nimmt für Fragen der Semantik und der Pragmatik, also für Fragen des Bedeutens und Geltens sprachlicher Äußerungen, einen *naiven Beobachterstandpunkt außerhalb des Kommunikationsprozesses* ein. (3) Es spricht

von *Zeichen* und *Signalen* (von den psychologischen Einbettungsornamenten wie der Beeinflussung gedanklicher Vorstellungen, der gewünschten Wirkung auf den Empfänger usw. ganz zu schweigen), wo in Wahrheit ausschließlich naturwissenschaftlich-technische, kausal bestens definierte Wirkungsausbreitungen vorliegen.

Dazu einige Erläuterungen:

Zu (1): Das Sprachverständnis ist insofern *monologisch*, als in der kleinsten Einheit eines Nachrichtendurchgangs von der Quelle zum Nachrichtenziel, gleichsam im nachrichtentechnischen Atom, die (sprachliche, an den Sprecher gerichtete) Antwort des Empfängers keine Rolle spielt. An den Beispielen von Telefonie und Telegraphie erläutert, handelt es sich also bei der vorgesehenen Maschinerie nicht wirklich um Telefonie im üblichen Verständnis (mit Rede und Gegenrede), sondern um die technische Einrichtung, die etwa auf Bahnhöfen für die Durchsagen am Bahnsteig verwendet werden. Auf der einen Seite spricht jemand hinein, auf der anderen Seite werden Lautsprecher gehört. Der Reisende auf dem Bahnsteig hat dagegen keinen Apparat, mit dem er antworten könnte. Im Beispiel der Telegraphie bestünde die technische Einrichtung auf der Senderseite nur aus dem Funker, der eine Morsetaste hat, auf die er, etwa ein Telegramm in Morsezeichen übersetzend, Signale eingibt. Auf der anderen Seite findet sich lediglich ein Registrierapparat, etwa ein Schreibstift, der auf ein bewegtes Papierband Punkte und Striche zeichnet. Eine Apparatur zum Antworten ist dagegen nicht vorgesehen.

Selbstverständlich würde der Nachrichtentechniker diese Feststellung zugeben und ergänzen, die Antwort des Empfängers bedürfe wieder der gleichen, nun bezogen auf Personen und Orte in umgekehrter Richtung angeordneten Komponenten von Sender, Kanal und Empfänger. Für das technische Problem ist diese Antwort ausreichend. Aber für einen Prozeß und einen Begriff der Kommunikation ist sie völlig unzureichend. Sie unterstellt nämlich, und deshalb wird das zugrunde gelegte Sprachverständnis »monologisch« genannt, daß eventuelle Verständnisprobleme zwischen Nachrichtenquelle und Nachrichtenziel entweder gar nicht vorkommen (können) oder daß sie nicht durch die Kommunikanten selbst gelöst werden, sondern durch einen außenstehenden Beobachter, der die Wirkungen auf das Nachrichtenziel aus der Distanz eines (behavioristischen) Naturwissenschaftlers beschreibt und diese in eigener semantischer und pragmatischer Kompetenz ins Verhältnis setzt zu den Absichten der Nachrichtenquelle.

Zu (2): Dieses monologische Sprachmodell ist eine Konsequenz der Zuflucht zum Behaviorismus bei Morris bzw. zum inhaltlichen Bezug auf die Semiotik bei Weaver: Hier erfüllt sich die klassische Karikatur der Behavioristen. Man begrüßt sich nicht mit den Formeln »Wie geht es Ihnen?«, weil der Angesprochene dabei eine unzulässige Introspektion, semantische Kompetenz und pragmatische Orientierung bräuchte, sondern man begrüßt sich mit den Formeln »Wie geht es mir?«, weil nur der andere den Sprecher von außen »wissenschaftlich« beobachten und daraus schließen könne, wie es diesem geht, was dieser sagen möchte, was seine Äußerungen bedeuten und welchen Erfolg er damit hat.

Selbstverständlich ist nicht nur die vor- und außertechnische Kommunikation prinzipiell anders, sondern auch die über technische Hilfsmittel wie Telefonie und Telegraphie. Immer sind es die beiden Kommunikanten selbst, die Bedeutungs- und Geltungsfragen hinsichtlich der Kommunikate zu beurteilen und zu lösen haben. Es gibt nicht den *deus ex machina*, den außerhalb der Welt stehenden behavioristischen Beobachter, den archimedischen Standpunkt oder »gods eyes view«, die den technisch übertragenen, physikalisch beherrschten Wirkausbreitungen nun Bedeutung und Geltung verleihen könnten. Es ist unter allen Umständen und in allen Kontexten, also auch bei der Beurteilung der investierten Sprachphilosophien und Nachrichten- bzw. Informationstheorien, der Fall, daß allein semantisch und pragmatisch kompetente, sprachfähige Menschen selbst, nämlich als Sprecher und Hörer, die sprachlichen Gegenstände und deren Bedeutung, Geltung und Zusammensetzung erzeugen und verstehen (müssen) und dabei permanent die Rollen von Sprecher und Hörer tauschen.

Zu (3): Es ist in der Nachrichtentechnik schlichtweg illegitim, von »Signalen« oder »Zeichen« bzw. »Zeichenvorrat« zu sprechen, da de facto nur die Struktur physikalischer Parameter in ihrem raumzeitlichen Verlauf betroffen ist. Struktur haben z. B. auch die elektromagnetischen Wellen, die ein Wackelkontakt an einem defekten Stecker oder ein dadurch unregelmäßig laufender Motor eines Kühlschranks aussendet. Diese können sogar zu »Signalen« werden, nämlich für die Suche nach dem Schaden durch einen menschlichen Reparateur, der den unregelmäßigen Lauf des Kühlschranks oder das Knistern an der Steckdose hört und einen Schmorgeruch wahrnimmt. Aber nur ein zielgerichtet handelnder, verständiger Rezeptor raumzeitlicher Veränderungen physikalischer Parameter macht Geräusch oder Gestank zu einem Signal.

Auch auf der »Sender«-Seite im nachrichtentechnischen Paradigma sind die von Absichten, Zwecken und Zielen geleitete Erfindung, Konstruktion und Verwendung von Geräten (im Kontext des intentionalen Adressierens, Ansprechens und Kommunizierens durch einen Menschen) *die notwendigen Bedingungen* dafür, daß es zu Zeichen, Zeichenreihen und Signalen kommt. Sollte dagegen durch ein undichtes Dach der Regen auf das Keyboard eines eingeschalteten Computers tropfen und dabei einige »Befehle« auslösen, die vielleicht sogar über die aktive Verbindung zum Internet zu Wirkungen in das Netz hinein führen, liegen eben keine Zeichen oder Signale vor. Eine gegenteilige Beschreibung oder Zuschreibung zu den Geräten wäre ebenso abwegig wie die Behauptung, eine Maus rechne, wenn sie über die Tastatur eines eingeschalteten Taschenrechners läuft und in diesem etwas auslöst, was zu Veränderungen auf dem Display führt.

Diese Beispiele belegen, daß der letztlich formalistische und materialistische Ansatz in der Tradition des Logischen Empirismus, bestens verträglich mit dem Materialismus der Kybernetiker, einen *deus ex machina* in Anspruch nimmt, der technischen Apparaten und ihren kausalen Wirkungen so etwas wie sprachliche Bedeutung, inhaltliche Anerkennung oder gar Einfluß auf »gedankliche Vorstellungen« verschafft. In einem methodisch-systematischen Reparaturansatz wird in Kapitel 5 gezeigt, daß nicht irgendwie (und auf eine Weise, die man sich »als Laie nicht vorzustellen vermag«) Bedeutung und Geltung in physikalische Muster hineinkommen, sondern umgekehrt eine menschliche Rede, die Bedeutung und Geltung gegenüber einem Adressaten beansprucht, auf ihren physikalischen Aspekt reduziert werden kann, um das menschliche Kommunizieren durch Technik räumlich und zeitlich auszudehnen und transportabel zu machen.

Alles schon fertig? Das pragmatische Defizit der Nachrichtentechnik

Der *deus ex machina* der Nachrichtentechnik ist also eine semantische Mogelpackung: Es wird durch die Verwendung von Wörtern wie Zeichen oder Signal unterstellt, die Codierungs-, Übertragungs- und Decodierungsapparate hätten etwas mit Bedeutung und Geltung menschlicher Kommunikation zu tun. Aber dies ist nicht der einzige Fehler und nicht die einzige Erschleichung einer Tragweite der Theorie, die sie nicht hat. Ähnlich wie bei der Semantik liegen nämlich die Verhältnisse auch bei der Pragmatik, und zwar sowohl in der investierten Sprachphilosophie (Morris) als auch im nachrichtentechnischen Paradigma (Shannon und Weaver).

In der Darstellung der Semiotik von Morris wurde belegt, wie zunächst rein beiläufig, dann über ein Einfachheitsargument und schließlich im Sinne eines unumkehrbaren Voraussetzungsverhältnisses die Syntax an die Spitze der Trias Syntaktik, Semantik, Pragmatik rückt. Im Nachrichtenkomplex der Theorietradition von Shannon und Weaver bis hin zur gesamten heutigen Nachrichten-, Informations- und Unterhaltungstechnik liegen ausschließlich »syntaktische« Maschinen vor. Wie raffiniert auch immer programmgesteuert, eine »fuzzy logic« benützend oder »neuronale Netze« bildend, ob digital oder analog, es gibt in Wahrheit nur kausale Wechselwirkungen zwischen Schaltern, seien diese nun nach dem Prinzip des einfachen Ein-Aus-Schalters für eine Lampe (digital) oder eines Lampendimmers (analog) konstruiert.

Man wird nicht übertreiben, wenn man behauptet, daß die gesamte Debatte über Informationsbegriffe, -theorien und -techniken eine nachträgliche, analytische, »top-down«-Argumentation darstellt. Der Schlachtruf der Heerscharen von Technikern, Wissenschaftlern, Philosophen, Journalisten usw., die sich diesem Problemfeld zugewandt haben, scheint zu lauten: »Alles schon fertig!« Als fertig und damit vorliegend, als gegeben werden unterstellt: die logischen, mathematischen und naturwissenschaftlich-technischen Theorien, die Eingang in die Informations- und Kommunikationstheorien und -techniken finden; die menschliche Sprache mit ihren syntaktischen, semantischen und pragmatischen Strukturen; die Sprachphilosophie mit ihrer kanonisch-dogmatischen Orientierung an der Reihenfolge Syntax vor Semantik vor Pragmatik; die Systemtheorie vor den Systemen; das System vor den Komponenten; der Wirkmechanismus der Reflexe eines (Eichhörnchen jagenden) Hundes vor dessen Beschreibung in einer semiotischen Theorie; die Apparate »Sender« und »Empfänger« vor dem Wunsch eines Menschen, einem anderen etwas zu sagen. Die verkehrte Welt des Nachrichtenkomplexes ist eine *Verkehrung von Reihenfolgen.*

Demgegenüber kennt nicht nur jeder Mensch, sondern beachtet und praktiziert auch jeder Mensch – nicht selten eben gegen die eigenen Theorien – die umgekehrten Reihenfolgen: Selbstverständlich wollen *zuerst* Menschen anderen Menschen etwas sagen, *bevor* sie auf den Gedanken kommen können, dies unter besonderen Umständen etwa durch einen Brief, eine auf Tonband aufgenommene Botschaft oder über Telefonie oder Telegraphie zu tun. Selbstverständlich muß ein Mensch *erst* handeln lernen, wozu auch die nichtsprachlichen Handlungen der Kulturbewegungen und der kultürlichen handwerklichen Herstellungen gehören wie die elementaren Verrichtungen des täglichen Lebens im Zusammenhang des Wohnens, Kleidens und Ernährens, *bevor* er nachrichtentechnische Apparate erfindet, baut und/oder benützt. Selbstverständlich muß der Mensch *erst* (in kommunikativen Situationen) sprechen lernen, *bevor* er mit sich selber sprechend den Monolog eines mathematischen Beweises entwickeln kann. Selbstverständlich muß es *erst* funktionierende, d.h. gelingende und erfolgreiche Kommunikationen geben, in denen die Beteiligten zwischen der Rolle des Sprechers und des Hörers permanent wechseln, und selbstverständlich muß es dabei *erst* ein Verstehen der Bedeutung des Gesagten (»gelingender Kommunikation«) und ein Anerkennen von Mitgeteiltem (»Erfolg der Kommunikation«) geben, *bevor* ein einzelner Durchgang von der Quelle zum Ziel (wie die Äußerung der einen Person in Richtung auf die andere) auf seine Struktur und seine Störungen hin untersucht werden kann. Selbstverständlich muß es *erst* einen Plan für ein komplexes Wirkungsgefüge (wie ein Telefonsystem) geben, *bevor* es deren technische Realisierung gibt, und selbstverständlich muß *zuerst* das technische System realisiert (hergestellt) sein, *bevor* es funktionieren kann; und selbstverständlich muß das technische System (wie ein Telefon) *zuerst* funktionieren, *bevor* es benützt werden kann; und selbstverständlich ist diese ganze Reihe von Schritten als eine mögliche *erst im nachhinein* »top-down« beschreibbar.

Das pragmatische Defizit des Nachrichtenkomplexes zeigt sich also zunächst an der methodisch nicht begründeten Reihenfolge von Syntaktik, Semantik und Pragmatik, bedeutet aber insgesamt eine Verkennung der Tatsache, daß die ganze Welt der Gegenstände, von denen hier die Rede ist, nicht verfügbar wäre, wenn nicht *zuerst* Menschen handeln würden, und dort die Unterscheidung von Gelingen und Mißlingen bzw. von Erfolg und Mißerfolg ihren Ort hätte, um *dann* auf Techniken und Theorien ausgeweitet zu werden.
Man könnte die Analyse des Nachrichtenkomplexes (bezüglich ihres semantischen und pragmatischen Defizits) auch in einem Satz zusammenfassen: Die dogmatische Halbierung der theoretischen Philosophie in der Tradition des Logischen Empirismus (durch Amputation des pragmatischen, besonders des herstellenden, konstruktiven Teils) hat in ihrer bloß analytischen, d. h. bloß auflösenden Vorgehensweise unterstellt, nur die fertigen (und auch noch als wahr unterstellten) Produkte von Wissenschaft und Technik und nicht die zu ihnen führenden menschlichen Bemühungen und Begründungen erlaubten deren angemessenes Verständnis. Dies aber ist ein fundamentaler Irrtum. Philosophische Irrtümer sind, das kann die Geschichte lehren, nicht selten gefährlicher als die Irrtümer von Wissenschaftlern oder von Technikern. (Diese Aussage ist lediglich darauf zu relativieren, daß vielleicht die gefährlichen Irrtümer von Wissenschaftlern und Technikern ebenfalls philosophischer Art und als solche gefährlich sind.) Sie sind nämlich umfassend folgenreich, betreffen so gut wie alle Aspekte von Menschen- und Weltbildern und ziehen sich bis in das tägliche private und öffentliche Leben, bis in die Politik und letztlich die gesamte Kulturgeschichte hinein. Dies wird an den folgenden Beispielen zu diskutieren sein.

Das Geschwätz der Moleküle und Neuronen

Man muß nicht weit gehen, um sprechenden Molekülen oder einer Konversation der Neuronen zu begegnen. Die prominentesten Beispiele sind in der öffentlichen Diskussion zur Molekularbiologie zu finden. Als die berühmte »Entschlüsselung des menschlichen Genoms« 2000 durch den amerikanischen Präsidenten Bill Clinton und den Unternehmer Craig Venter der Öffentlichkeit vorgestellt wurden, haben sich die Medien in Metaphorik geradezu überschlagen. So sehr hat sich die sprachliche und kognitive Metaphorik für die Darstellung molekularer oder neuronaler Wechselwirkungen durchgesetzt, so allgemein und allgegenwärtig ist diese Darstellungsform geworden, daß sich Beispiele fast täglich in den Zeitungen finden lassen und einzelne Belege überflüssig sind.

Allerdings ist dies nicht allein ein Phänomen des *Wissenschaftsjournalismus*. Der Griff zu dieser Metaphorik ist nicht der bemühte Versuch von Mediatoren, dem armen Laien hochkomplexe naturwissenschaftliche Zusammenhänge zu vermitteln. Auch die *Alltagssprache* kennt die Überfrachtung mit kognitiven und sprachbezogenen Metaphern, und auf der anderen Seite sind es die *Fachwissenschaften* selbst, die innerhalb ihres Forschungs- und Vermittlungsprozesses auf die nachrichtentechnische und informationstheoretische Metaphorisierung trotz ihrer Redundanz zurückgreifen, ja heutzutage (mangels einer gepflegten terminologischen Alternative) darauf angewiesen sind. Zuerst ein Blick auf die Alltagssprache:

Alles ist Sprache

Wenn »Der Spiegel« seine Ansprüche auf einen investigativen Journalismus durch Detailkenntnisse einlöst, wird über einen Staatsempfang beim deutschen Bundeskanzler schon einmal die Speisekarte zitiert: »Dialog von Hechtklößchen und Flußkrebsen an Rieslingsauce« informiert über die Zusammensetzung eines Gerichts, dessen Komponenten die Finesse ihres Verhältnisses nur sprachlich zum Ausdruck bringen können, eben als Dialog. Aber nicht nur die Kunst der Köche in der Benennung ihrer Kreationen, deren Aufwertung sich bis in die Speisekarte der Mensa fortsetzt, verfällt der sprachlichen Metaphorisierung. Im Firmenschild eines Friseurs ist »Keralogie« (von griechisch »keras«, »Haar«, und »logie« für »Lehre«) zu lesen; und wer im Branchenverzeichnis eine Fußpflegerin sucht, findet die »Podologin« (von griechisch »pos«, der »Fuß«).

Wer nur ein wenig für die Wahrnehmung solcher Metaphern sensibel ist, wird in der Werbesprache fündig. Da halten bei einem neuen Autotyp Form und Funktion ein Zwiegespräch, da erkennt ein Shampoo die Nöte des Haares, da ist die Farbe eines Produkts ansprechend und die Bedienung eines Geräts aufmerksam, die Steuerung eines Kühlschranks intelligent und überhaupt alles nachhaltig – in allen Verwechslungen der Bedeutung dieses Modewortes, von »nachdrücklich« (im Sprechen), »nachwirkend« (im Sinne konsequenten Handelns) oder tatsächlich in der richtigen Verwendung des Wortes »nachhaltig« als Qualität menschlicher Planung (genauer von Kreislaufwirtschaft, die künftigen Generationen dieselben Stoff- und Energieressourcen oder wenigstens Lebenschancen offenhält wie der gegenwärtig agierenden Generation), also nur in sprachlicher Reflexion zugänglich.

Immer, so scheint es, dient es der *Aufwertung* einer Sache, sie als sprachlich, kommunikativ oder kognitiv darzustellen. Wo eine neue Technik in die Alltagspraxis Eingang findet, wird von Technologie gesprochen; wo Menschen psychische Probleme haben, werden diese psychologisch genannt, und die Verbindung mit dem Logischen wird so umfassend, daß die Ursprungswörter außer Gebrauch geraten. Hier können leider noch nicht einmal Vermutungen darüber angestellt werden, wo die Quellen dieser überbordenden Metaphorisierung liegen, bei den Werbetextern oder den Fachwissenschaftlern, bei den Wichtigtuern oder den sprachlich Gedankenlosen. Jedenfalls hat sich der Mangel an Unterscheidung zwischen Gegenstand und Rede über den Gegenstand allgemein durchgesetzt.

So reden etwa die Biologen (als Lehrer oder Wissenschaftler vom »bios«, dem »Leben«) über »*biologische* Evolution«, wo sie die Evolution des Lebendigen meinen und deshalb besser »*biotische* Evolution« sagen sollten. Denn man braucht nur die Theorien der Evolution zu studieren, um ihre Vielfalt und die in ihnen aufscheinenden Kontroversen zu entdecken. Wenn also »Evolution« das Wort für ein tatsächliches vergangenes biotisches Geschehen ist, gibt es dazu viele konkurrierende bio*logische* Geschichten.

Auch die Psychologen sind nicht besser. Obwohl in der Sache meist unterschieden wird, daß jemand, der unter Angst leidet, ein *psychisches* Problem hat, während ein Wissenschaftler, der eine adäquate Definition von »Angst« sucht, einem *psychologischen* Problem nachgeht, haben sich nicht nur die Laien daran gewöhnt, Angst ein psychologisches Problem zu nennen.

Wo *archaische* Bauwerke wie die ägyptischen Pyramiden von Archäologen erforscht werden, finden sich nur im Bereich der *archäologischen* Ergebnisse wahre, falsche, unklare oder unentschiedene Aussagen. Die Pyramiden selbst dagegen sind weder wahr noch falsch, sondern aus Stein.

Auch die traditionellen Naturwissenschaften bleiben nicht hinter der Verwahrlosung der Sprache durch mangelnde Unterscheidung zurück. Wenn Physiker in der Teildisziplin Astronomie das Planetensystem untersuchen, vergessen sie gern, daß dessen Objekte »physisch« im Sinne von natürlich sind, über die »physikalisch« geforscht und gesprochen wird. Die um das Zentralgestirn rotierenden, durch sein Gravitationsfeld gehaltenen Objekte systematisieren sich nicht selbst, sondern bilden ein System dadurch, daß der Physiker eine bestimmte (nämlich gravitationstheoretische) Frage- oder Betrachtungsweise zugrunde legt und damit handelnd und sprechend sich den natürlich vorhandenen Gegenständen nähert. Aber in der alltäglichen Selbstverständlichkeit, mit der jeder Wissenschaftler seine gerade betriebenen Forschungen und Ergebnisse für wahr und alternativlos hält, setzt er den Gegenstand mit seiner sprachlichen Darstellung gleich. Daß derselbe Gegenstand auch anders sprachlich dargestellt, nach anderen Maximen erkannt und beschrieben werden könnte (und von ungeliebten Konkurrenten auch wird), spielt dabei keine Rolle. Damit nähert man sich möglichen Motiven der Metaphorisierung.

(Es soll hier nicht vergessen werden, daß von der sprachlichen Vermengung von Gegenstand und dessen wissenschaftlicher Beschreibung eine wichtige, große Naturwissenschaft nicht betroffen ist, nämlich die Chemie. Sie ist die einzige Fachwissenschaft, die keine zwei Wörter in der Sprachtradition vorfindet. »Chemie« ist beides, die Welt der Stoffe und ihrer Eigenschaften einerseits und die Welt der Forschung und Theorie von den Stoffen, also die Handlungen der Chemiker, andererseits. Im ersten Falle, der Chemie als Gegenstand, ist diese so alt wie das Universum; im zweiten Falle, der Chemie als Wissenschaft von den Stoffen, ist diese so alt wie, je nach investierten Kriterien der Wissenschaftlichkeit, die menschliche Beherrschung von Stoffeigenschaften seit der frühen Antike oder die begriffliche und theoretische Beherrschung der Stoffeigenschaften durch eine neuzeitliche Wissenschaft, also entweder ein paar tausend oder ein paar hundert Jahre.)

Aber nicht einmal die Philosophie in einer Tradition, in der die Reflexion auf Sprache und auf Methoden der Wissenschaften eine prominente Rolle gespielt hat, nämlich die Wissenschaftstheorie, ist vor Verwechslungen und sprachlichem Wildwuchs sicher. Die Errungenschaften der sprachlichen Wende (»linguistic turn«) in der Philosophie durch Wissenschaftler und Philosophen wie Gottlob Frege, Ludwig Wittgenstein, Bertrand Russell, Rudolf Carnap und andere sind heute wieder vergessen. Wo etwa Wissenschaftstheoretiker auf das Körper-Geist-Problem und die »mentale Verursachung« (z. B. ein Mensch hebt absichtlich seinen Arm) zu sprechen kommen, stellen sie erst einmal fest: *Die Physik ist kausal geschlossen.* Die Physik? Heißt dies nun, daß Physiker redend nur Kausalerklärungen, aber keine Gespenster zulassen? Oder ist der Gegenstandsbereich dieser Rede kausal geschlossen? Also Bewegungen von Körpern nur durch Kräfte, nicht durch Absichten, Geister, Geheimnisse oder ähnliche Mysterien?

Gegenüber dieser terminologischen Großzügigkeit bleibt die Sorgfalt geboten, Gegenstände von ihrer sprachlichen Beschreibung zu unterscheiden – nicht zuletzt weil den *Beschreibungen Zuschreibungen* gegenüberstehen. Das heißt, wieder zurückkommend auf die Kommunikations- und Nachrichtentheorie: Ob ein natürliches oder künstliches Ereignis eine Nachricht *ist*, könnte eher an einer *Zuschreibung* durch einen außenstehenden Beobachter liegen als eine kontrollierbare, begründungspflichtige *Beschreibung* darstellen. Damit wird aber selbst zur offenen Frage, ob die sprachliche Metaphorisierung nichtsprachlicher Gegenstände (als Zuschreibung) nur eine aufwertende Mode ist oder aber (als Beschreibung) einen tiefgreifenden Fehler verbirgt – den Fehler nämlich, daß *sprachliche* Gegenstände Bedeutung und Geltung haben (oder wenigstens beanspruchen), wo die *nichtsprachlichen* Gegenstände (wie die Steine der Pyramiden) dieses gerade nicht tun. Deshalb sind Beispiele aus den Fachwissenschaften näher zu betrachten, in denen die nachrichten- bzw. informationsbegriffliche Terminologie zum Standard zählt.

Molekulare Erkenntnis

Hört man heute einer Debatte unter Chemikern, Nano-Forschern oder Molekularbiologen zu oder wirft man einen Blick in ihre Fachpublikationen, findet man eine kognitive Sprache vor. »Molecular recognition« ist ein derart gebräuchlicher Ausdruck, daß er den Fachleuten für die kleinen Bausteine gar nicht mehr auffällt. Ein wegen der Häufigkeit dieser Sprechweise eher beliebig herausgegriffenes Beispiel: »The phenomenon of molecular recognition has evolved around the principles of self-organization, self-assembly, and self-synthesis ...« (aus: Anelli u. a., *J. Am. Chem. Soc.* 1992, 114, S. 193). Hier werden Molekülen Erkenntnisfähigkeiten zugeschrieben, die zu einer *Anthropomorphisierung* von Teilchen führen: In Gasen oder Flüssigkeiten »begegnen« sich Moleküle und »erkennen« dabei, ob es sich um einen geeigneten Reaktionspartner handelt oder nicht, um sich im positiven Falle in einer chemischen Reaktion zu einer neuen Verbindung zu vereinigen – sogar in der Bedeutungsweite der eigentümlichen deutschen Übersetzung des Alten Testaments, wonach Adam und Eva sich »erkannten«.

Diese kognitive Metaphorik hängt mit der nachrichtentechnischen (wegen der in beiden beanspruchten Geltung des Erkannten oder Mitgeteilten) eng zusammen. Die Fortpflanzung struktureller Eigenschaften wird als kognitiver, sprachlicher oder sprachgleicher Prozeß verstanden, z. B. wo von Übersetzung, von Codieren und Translatieren der Molekülstrukturen in der Molekularbiologie die Rede ist.

Wieder ist festzustellen, daß es hier nicht um Popularisierungen fachwissenschaftlich schwerverständlicher Verhältnisse für Laien durch Journalisten oder didaktisch engagierte Experten geht, sondern um die Fachsprache der Experten selbst. Diese Metaphorisierung hat zwei Schwächen: (1) Sie ist *redundant* gegenüber einer kausalen Beschreibung der Verhältnisse, und (2) sie ist *falsch* im Sinne der Wahl einer inadäquaten Metapher.

Zunächst der zweite Einwand: Die Wahl der kognitiven und der kommunikativen Metaphern ist dort unangemessen, wo sie auf Gegenstände angewandt werden, in denen der Irrtum oder das Falsche nicht vorkommen können. Von Kognition, Erkenntnis, Wahrnehmung, Sprache und ähnlichen, an menschlichen Leistungen gewonnenen Unterscheidungen ist nur dort sinnvoll zu sprechen, wo ihnen der Irrtum oder die falschen Behauptungen gegenüberstehen. Über alle Differenzen verschiedener Wahrheits- und Geltungstheorien hinweg und über alle Erklärungen der Wahrnehmung hinweg sind nur solche Gegenstände wahrheitsfähig, die auch falsch sein können, also etwa Aussagen, Behauptungen, auch menschliche Gedanken, wo sie sprachlich geäußert und damit einem Diskurs über wahr und falsch zugänglich werden. Auch Wahrnehmungen stehen Täuschungen gegenüber; sie müssen sich in Urteilen äußern, die zutreffend oder nicht zutreffend sind.

Die Übertragung der Kognitionsmetapher auf einen Selektionsprozeß, der in der Modellwelt von Molekülen und chemischen Reaktionen stattfindet, betrifft einen allein mechanistisch und kausal erklärbaren Prozeß, wie er etwa auch in einem System von Schlüsseln und Schlössern vorkommen kann. Betrachten wir dieses Beispiel etwas näher:

Angenommen, in einem Hotel sei ein perfekt funktionierendes Schließsystem für die Gästezimmer installiert. Jeder Gast erhält einen Schlüssel, der nur zu seinem Zimmer paßt, während etwa der Hotelservice Schlüssel für ganze Flure oder für das ganze Haus hat. Dieses System läßt sich beliebig weiter differenzieren, etwa dadurch, daß der Zimmerschlüssel des Gastes auch für eine zentrale Zugangstür paßt usw.

Hier sind nun zwei mögliche, »irrtumsverdächtige« Störungen zu betrachten: entweder der Gast irrt sich in der Zimmertür und stellt fest, daß sein Schlüssel nicht paßt. Oder er verwechselt, etwa beim Hotelfrühstück an einem Tisch mit einem anderen Gast, seinen mit dessen Schlüssel und steht dann vor seiner Zimmertür, für die aber der verwechselte Schlüssel nicht paßt. In beiden Fällen ist es angemessen, *dem Gast einen Irrtum zuzuschreiben*, einmal in der Wahl des Schlosses (an der falschen Zimmertür), einmal in der Wahl des (verwechselten) Schlüssels. Das Verhältnis der Schlüssel zu den Schlössern jedoch bleibt davon völlig unberührt: Jeder Gästeschlüssel paßt genau zu einem Schloß. Wird er an einem anderen versuchsweise eingesetzt, paßt er nicht. Die Passung ist ein schlichter mechanischer, kausal erklärbarer Sachverhalt. Schlüssel irren sich nie und »erkennen« deshalb auch keine Schlösser – wie Moleküle.

Die Tatsache, daß diese Verhältnisse hier selbstverständlich in sprachlichen Sätzen niedergelegt werden, also etwa in den beiden Sätzen »Der Schlüssel K paßt zum Schloß S« bzw. »Der Schlüssel K' paßt nicht zum Schloß S«, macht diese nicht zu Aussagen, deren Urheber ein Schlüssel oder ein Schloß ist, sondern der Mensch, der über beide redet und das Passungsverhältnis prüft. Völlig unstrittig ist dabei, daß die Alternative von Passung und Nichtpassung rein mechanisch (kausal) erklärt werden kann. Mit anderen Worten, die Wörter »passen« bzw. »nicht passen« beschreiben die Sachverhalte, die erschöpfend durch die Schlüssel-Schloß-Funktion kausal feststehen. Spricht man hier von »Funktionen«, dann geht es um Zwecksetzungen der Konstrukteure, Hersteller, Vertreiber und Anwender von Schlüsseln und Schlössern. Erst die zweckrationale Handlung von Menschen in diesen Rollen machen aus den schlichten Kausalverhältnissen Funktionen im Sinne eines zielgerichteten Vorgehens. Und die Irrtümer des Hotelgastes, an der falschen Tür zu stehen oder den falschen Schlüssel einzusetzen, sind allein Verfehlungen seines Zwecks, Zugang zum eigenen Zimmer zu haben, und zwar durch die Wahl falscher Mittel. Sie tangieren nicht die Kausalverhältnisse von Schlüsseln und Schlössern (oder molekularen Reaktionspartnern).

Die scheinbare Trivialität dieses Beispiels ist von großer philosophischer Relevanz für die Frage, ob Moleküle sich gegenseitig erkennen können analog der Passung oder Nichtpassung von Schlüssel oder Schloß: Tatsächlich liegen im chemischen Bereich ebenfalls rein kausal beschreibbare und erklärbare Verhältnisse vor, wenn auch hier die Mechanik nicht ausreicht, sondern die Quantenmechanik bemüht werden muß.

Ersichtlich können hier keine Irrtümer vorkommen, sowenig wie bei Schloß und Schlüssel. Sollte nämlich der Zimmerschlüssel eines Gastes (entgegen den Zwecken der Schlosser oder Hoteliers) doch an einem anderen Zimmer bzw. Schloß sperren (»funktionieren«), liegt ein *Defekt* an Schlüssel, Schloß oder beidem vor. Defekte sind nur wieder Verfehlungen menschlicher Zwecksetzungen und nicht etwa Brüche im Kausalgefüge der Wechselwirkung von Schloß und Schlüssel. Denn selbstverständlich würden die Defekte wiederum kausal erklärt; und die Wahrheit dieser Erklärung würde durch eine erfolgreiche Reparatur aufgrund dieser Erklärung belegt.

Das Schlüssel-Schloß-Beispiel zeigt also, daß *auf der Ebene der Objekte kausale Erklärungen völlig ausreichen*, um alle auftretenden Verhältnisse abzudecken. Sollte dennoch metaphorisch davon gesprochen werden, daß ein Schlüssel sein Schloß oder ein Schloß seinen Schlüssel »erkennt«, ist diese Metaphorik unangemessen, weil diesem Erkennen keine Irrtumsmöglichkeiten gegenüberstehen – im Unterschied zum menschlichen Benutzer und Beschreiber des Schlüssels bzw. der Schlüssel-Schloß-Wechselwirkungen. Und genau wegen dieser Unangemessenheit ist auch die metaphorische Beschreibung redundant, wie der erste

Einwand gegen die kognitive Metaphorisierung des Molekularen lautete. Sie enthält nichts über die kausale Beschreibung hinaus. Insofern ist eine häufig zu hörende Begründung für den Sprung in die Metapher unzutreffend, dadurch würden Verhältnisse im Objektbereich treffender beschrieben. In Wahrheit enthalten sie über die nichtmetaphorische Beschreibung und Erklärung hinaus keine Mitteilung.

Erbinformationen

Die aus der Biologie der Vererbung stammende Rede von »Erbinformation« und »genetischem Code« ist so erfolgreich, daß sie längst geläufige Alltagssprache geworden ist. Wo man früher von »Erbanlagen« gesprochen hat, gerät man heute leicht mit der Gegenüberstellung zu Erziehung und Milieu zwischen die Mahlsteine eines psychologischen oder sozialpolitischen Meinungsstreits. Beide Parteien haben ihre Geschütze längst in Stellung gebracht. Und längst hat auch der Laie schon von den verblüffenden Parallelen der Schicksale getrennter Zwillinge gelesen und umgekehrt von den alles verheißenden Einflüssen der Erziehung und Bildung. So endet manche Debatte auf diesem Feld bei den Plausibilitäten des Alltagslebens: Auch die beste Musikerziehung kann aus einem völlig unmusikalischen Menschen keinen Komponisten oder auch nur Solisten machen, und auch die größte Begabung ersetzt nicht das »wer immer strebend sich bemüht«. Allein bei den naturwissenschaftlichen Perspektiven des Vererbens von Eigenschaften scheint der sichere Gang der Forschung gesiegt zu haben. Die Weitergabe genetisch determinierter Information sei Gegenstand eines umfassenden, solide ausgewiesenen Wissens.
Zunächst mag es wieder den Anschein haben, als wären es die Alltagssprache oder die Vermittlungsbemühungen der Wissenschaftsjournalisten, die uns eine metaphorische Sprechweise bescherten: Als etwa Craig Venter mit dem amerikanischen Präsidenten Bill Clinton im Juni 2000 an die Öffentlichkeit trat und die erfolgreiche »Entschlüsselung« des menschlichen Genoms vermeldete, fanden sich in der »Frankfurter Allgemeinen Zeitung« vom 27. 6. 2000 Formulierungen wie »das Buch des Lebens«, Gene oder Basenpaare als »Alphabet des entschlüsselten Erbguts«, das sich zur »Grammatik der Biologie« füge und eine

»Lesbarkeit der Welt« nach sich ziehe. Dieser Metaphernreichtum ist also durchaus Teil der öffentlichen Wahrnehmung und Diskussion der Genetik mit besonderem Schwerpunkt bei der Humangenetik.

Aber es sind in erster Linie die *Fachwissenschaften* selbst, die eine nachrichtentechnische oder informationstheoretische Sprache verwenden, und zwar in molekularbiologischen Zusammenhängen sogar exklusiv, d.h. ohne eine konkurrierende Alternative. So kann man exemplarisch aus einem Lehrbuch der Genetik zitieren (alle kursiven Hervorhebungen der nachrichtentechnischen Diktion von mir, PJ):

Das »zentrale Dogma« der Genetik lautet, »daß dieser Prozeß der *Informationsübertragung* nur in der Richtung von der Nukleinsäure zum Protein, aber nicht umgekehrt abläuft«. Und: »Das zentrale Dogma ... besagt im wesentlichen, daß Sequenz*information*, wenn sie erst einmal in ein Protein eingeflossen ist, nicht wieder herauskommen kann.« Dieses Dogma fußt auf der wissenschaftlichen Überzeugung, »daß die dreidimensionale Struktur eines Proteins – und damit seine Form, Gestalt und die sich daraus ergebende Funktion – im wesentlichen durch die lineare Folge der Aminosäuren bestimmt wird, aus denen es aufgebaut ist. ... Kurz gesagt, vom Erbmaterial wird im Zuge der *Transkription* ein Molekül einer *Boten-RNA* (= *messenger RNA* = mRNA) hergestellt, das Base für Base komplementär zu den Basen eines seiner Stränge ist. Unter Beteiligung von Ribosomen ... wird dann eine Basensequenz der mRNA in eine Aminosäurefolge ›*übersetzt*‹.« (Aus: Monroe W. Strickberger, Genetik, München/Wien 1988, S. 57)

Und weiter: »Im wesentlichen sind zwei Zwischenschritte an der *Weitergabe der Information* von DNA-Sequenzen zum Protein beteiligt:

1. Ein *Transkriptionsvorgang*, bei dem die mRNA von einem DNA-Strang durch die enzymatische Aktivität von DNA-abhängiger RNA-Polymerase *kopiert* oder *transkribiert* wird.
2. Ein *Translationsvorgang*, bei dem eine bestimmte Nukleotidsequenz auf einer an ein Ribosom gebundenen mRNA in eine bestimmte Aminosäuresequenz *übersetzt* oder *translatiert* wird.«

(Übrigens ist »Translation« – auch als englisches Wort – von der Perfektform des lateinischen Verbums »transferre« abgeleitet, so daß das Verbum nicht »translatiert«, sondern »transferiert« heißen müßte.)

Diese Zitate mögen belegen, daß die Fachsprache der Molekularbiologie zur Beschreibung und Erklärung der Mechanismen bei Verschmelzung einer Ei- und einer Samenzelle nicht nur das nachrichtentechnische Vokabular nutzt; es werden Wörter verwendet, deren ursprüngliche Bedeutung und Anwendung menschliche Tätigkeiten im sprachlichen Bereich betreffen, wie übersetzen, abschreiben, kopieren, übertragen und andere.
Wieder stellt sich die Frage, ob diese metaphorische Rede der Fachbiologie (1) *redundant* ist, weil sei bei aller Bildlichkeit nichts über die biochemischen Sachverhalte in kausaler Beschreibung hinaus enthält, und (2) ob sie *unangemessen* ist, weil sie ein entscheidendes Charakteristikum des metaphorischen Modells verfehlt. Die Antwort kann nicht anders ausfallen als bei der »molecular recognition«:
Man denke bei Kopieren oder Transkribieren an die Tätigkeit eines mittelalterlichen Kopisten, der in einem Kloster lateinische oder griechische Texte abschreibt, ohne der lateinischen oder griechischen Sprache selbst mächtig zu sein. Dennoch ist er selbstverständlich kompetent, die Schriftzeichen der Vorlage richtig abzumalen, zu »kopieren«. Ob es sich dabei um bedeutungsvolle »Zeichen« oder bloß um Schmuckornamente oder Vignetten handelt, spielt für den Kopisten, der nichts versteht, keine Rolle.
Wenn ihm allerdings dabei ein Fehler unterläuft (wenn ein Buchstabe, ein Wort oder eine Zeile ausgelassen, ein Buchstabe vertauscht oder verdoppelt wird usw.), dann kann der Kopist nicht entscheiden, ob dieser Kopierfehler auch eine Veränderung des Wort- oder Satzsinnes bzw. des gesamten Textes nach sich zieht, insbesondere, ob dadurch etwas falsch wird, was vorher als wahr galt. Nur der kompetente Sprecher des Lateinischen oder Griechischen kann dies entscheiden.
Das heißt, Wörter wie »abschreiben«, »kopieren«, »transkribieren« und ähnliche betreffen die Erzeugung von Texten, die prinzipiell *unter zwei verschiedenen Aspekten* miteinander verglichen werden können: den der (gestaltlichen) Übereinstimmung der Reihen von Schriftzeichen und den der Übereinstimmung des Text(sinn)es. Und nur der für den Textsinn kompetente Leser und Schreiber kann entscheiden, ob Abschreib- oder Übertragungsfehler Folgen für den Textsinn haben. (Analoges gilt für eine Transkription im Sinne einer Übertragung von einer Schriftart in die andere, wie etwa das Übertragen handschriftlicher

Texte in Maschinenschrift, oder auch für das Übersetzen von einer Sprache in die andere.)

Diese zweite Ebene des Verständnisses von Textsinn gibt es im Bereich der Molekularbiologie nicht. Wie oben am Schlüssel-Schloß-Beispiel gezeigt, können Moleküle nicht irren und deshalb auch keine Erkenntnisse haben; entsprechend können Molekülketten bei der Weitergabe von Strukturen nur (kausal) wirken oder nicht wirken. Aber selbst wo »Kopierfehler« auftauchen, sind dies wieder allein kausal beschreibbare und erklärbare Zusammenhänge. Es gibt keine höhere Instanz, die ein Urteil fällt, ob der entstandene Kopierfehler sinnentstellend ist oder nicht. (Dies gilt auch für die Theorie der molekularen Evolution von Manfred Eigen, bei der »Fehler« in der Weitergabe von Molekülstrukturen nach dem Modell von Prägestock und Münze das Analogon zur Mutation der Erbanlagen eines Individuums bilden und mit einem Analogon zum Selektionsprozeß kombiniert werden, vgl. unten.) Kurz, die Verwendung der Metaphern aus dem Bereich menschlicher Tätigkeiten ist hier nicht adäquat, weil es bei diesen auf Sinnverstehen und Geltung von Sprache ankommt. Nur das stupide Abmalen von Mustern, das man heute mit einem Kopiergerät oder einem Scanner erledigt, ist durch die Metapher gedeckt.

Die Humangenomforschung ist selbst innerhalb der Biowissenschaften nur *ein* Teilbereich der Anwendung nachrichtentechnischer Sprechweisen. Wie umfassend der Zusammenhang von Informationsverarbeitung und Leben für die naturalistische Sichtweise ist, soll das folgende Beispiel belegen:

In einem Buch mit dem Titel »Physik der Selbstorganisation und Evolution« (von W. Ebeling und R. Feistel, 2. Aufl. 1986) heißt es in Kapitel 10, »Speicherung und Verarbeitung von Informationen«:

»Die Fähigkeit, *Informationen zu speichern und zu verarbeiten*, ist eine wesentliche Eigenschaft lebender Systeme. Im Laufe der biologischen Evolution hat diese Fähigkeit eine enorme quantitative und qualitative Steigerung erfahren. Im wesentlichen werden drei Formen der Information benutzt:

1. genetische Informationen,
2. Informationen im Nervensystem und im Hirn,
3. extrasomatische Informationen, die außerhalb des Organismus in Aufzeichnungen, Büchern usw. gespeichert sind.

Diese drei Formen haben sich entwicklungsgeschichtlich nach-

einander gebildet.« (Man beachte insbesondere die gleichlautende Rede von »Information« bei 1. und 3., die Molekülketten mit Büchern gleichsetzt!)
Speziell zur genetischen Information heißt es später (S. 304): »Die Aufdeckung der molekularen Grundlagen und des *Prinzips der Verschlüsselung von Informationen in den Erbanlagen* kann als eines der wichtigsten Ergebnisse der Naturwissenschaften in den letzten fünfzig Jahren betrachtet werden. ... *Informationsspeicherung, -verarbeitung und -akkumulation* kann als Charakteristikum des Lebens betrachtet werden. Lebewesen und die von ihnen hervorgebrachten Strukturen ... sind von außerordentlicher Kompliziertheit, so daß ihre Herausbildung, Erhaltung und Weiterentwicklung ohne Speicherung und Übertragung von Informationen (Erfahrungen, Konstruktionspläne, Gedächtnis) undenkbar wäre. Andererseits sind *keinerlei informationsverarbeitende Systeme* (von Trivialfällen abgesehen) bekannt, die *außerhalb und unabhängig vom Leben* existieren.«
Hier auf ein Buch über die »Physik« der Selbstorganisation und Evolution zurückzugreifen rechtfertigt sich daraus, daß auch bei einem der Väter der informationstheoretischen Rede in der Genetik, bei Manfred Eigen, ausdrücklich der Rückgang auf die Physik als das Ziel genannt wird, d.h., daß *mit den Mitteln der Physik die Entstehung des Lebens* erklärt werden soll (vgl. Manfred Eigen, »The Origin of Biological Information«, Dordrecht 1973, S. 594-632). Doch die beiden Autoren suchen nicht nur nach einer physikalischen Grundlegung der Biowissenschaften, sondern diskutieren auch deren Fortsetzung in die *Psychologie* hinein, wo sich dieselben Sprechweisen auffinden lassen:
Unter Bezugnahme auf ein Lehrbuch, das eine ganze Psychologengeneration im deutschen Sprachraum beeinflußt hat, nämlich »Information und Verhalten« von Friedhart Klix, behaupten die Autoren: »Die quantitative Beurteilung der *durch Biopolymere gespeicherten und übertragenen Nachrichten* ist außerordentlich schwierig. Sie muß zunächst davon ausgehen, daß Informationsaustausch immer ein Wechselverhältnis zwischen Geber und Empfänger ist und folgende Seiten betrifft (Klix, 1976):

1. Die quantitative und strukturelle Seite ... Das ist der metrische und syntaktische Aspekt der Information;
2. Die inhaltliche Seite, d.h. das, was die eintreffenden Sym-

bole für das empfangene System bedeuten. ... Das ist der semantische Aspekt der Information;

3. Die Bewertungsseite, d. h. der Nutzen und die Bedeutsamkeit dessen, was empfangen wird. ... Das ist der pragmatische Aspekt.« (3. Auflage, S. 312)

Hier wird das bekannte Instrumentarium der »Mathematischen Theorie der Kommunikation« von C. Shannon und W. Weaver, der Informations- und Computerwissenschaft, der sich daran anschließenden informationstheoretischen Rede in der Chemie sowie wichtiger sprachphilosophischer Unterscheidungen in der Tradition und im Verständnis von Ch. Morris benützt.

Es sind bestenfalls Ähnlichkeiten, die eine Übernahme der für technische Zwecke (nämlich die Definition und Messung der Übertragungskapazität von Nachrichtenkanälen) entwickelten Theorie in diese naturwissenschaftlichen Disziplinen plausibel machen:

- Wie bei der technischen Nachrichtenübermittlung lassen sich bei gerichteten makromolekularen Vorgängen Geber und Empfänger unterscheiden und dabei ein Verhältnis von Struktur und Leistung, unabhängig vom Übertragungsmittel, d. h. vom Signalübertragungsmedium, angeben. Auch die Rede von »Codierung«, die eine technische Transformation z. B. der Schallwellen gesprochener Sprache in die elektrischen Impulse analoger »Sprachübertragung« durch ein Telefonkabel ist, oder die technische Transformation der Eingabe an einem Taschenrechner in eine binäre Zahlen- und Befehlsreihe (und deren jeweilige Rückübertragungen wieder in die Schallwellen gesprochener Sprache bzw. in eine dezimale Darstellung des Rechenergebnisses auf dem Display) legt die Sprechweise der Übertragung von Strukturmerkmalen bei chemischen Reaktionen nahe.
- Soll die Weitergabe von Strukturmerkmalen großer Moleküle in eine anschauliche Sprache gefaßt werden, so bedienen sich Chemiker und Molekularbiologen eines Vokabulars aus Verben, die in ihrer ursprünglichen Bedeutung menschliche Handlungen betreffen, und zwar genauer solcher Handlungen, die im Bereich menschlicher Kommunikation und Kognition vollzogen werden.
- Die Anleihen bei menschlichen Tätigkeiten wie Kopieren, Übersetzen oder auch Codieren und Decodieren (man denke an einen Funker, der sich des Morsealphabets bedient) und

die dabei vorkommenden menschlichen Fehler, etwas falsch zu kopieren, zu übersetzen oder zu funken, bilden einen weiteren Grund, die informationstheoretische Rede auf molekularbiologische Beschreibungen der Genetiker zu übertragen: Für die »Theorie der Hyperzyklen« von M. Eigen spielen gerade gewisse »Fehler« in den Vorgängen des Kopierens und Transkribierens eine wichtige Rolle, weil sie (in Analogie zur Mutation in der Darwinschen Evolutionstheorie quasi als kleinere Erbfehler) diejenigen Störungen benennen, die per definitionem zur Ausbildung und Stabilität einer Quasi-Spezies von RNA-Molekülen gehören. (Hier wird versucht, den biologischen Artbegriff von Lebewesen auf Molekülsorten zu übertragen.) M. a. W., die den Kern der Eigenschen Theorie ausmachende Übertragung eines bestimmten evolutionstheoretischen Ansatzes für Organismen auf den molekularen Bereich (einschließlich der Darstellung von Stammbäumen und der Rede von Genotyp und Phänotyp) bedient sich der Auffassung, es gäbe so etwas wie Übertragungs- oder Abbildungs*fehler* – analog zu menschlichen Mißverständnissen oder Übertragungsfehlern in Bereichen der Kommunikation.

In allen Fällen wird aber bei diesen Analogiebildungen vergessen, daß die Verwendung nachrichtentechnischer und informationstheoretischer Unterscheidungen in Chemie und Molekularbiologie davon Gebrauch macht, daß diese Wörter *vorher und außerhalb dieser Disziplinen eine sinnvolle und vertraute Bedeutung oder Verwendung haben und behalten müssen*, wenn sie zur Modellierung des Molekularen taugen sollen. Sie lassen sich, vor oder neben jeder logisch hochstehenden Definitionskunst, an Beispielen aus dem Alltagsleben erläutern. Es soll ja gerade diese suggestive Bezugnahme auf etwas ganz Vertrautes, nämlich auf die Formen menschlicher Kommunikation in direkter Rede und auf die Verwendung von technischen Mitteln wie Verschriftlichung, Telefon, Schallplatte, Tonband, Wörterbuch sowie Abschreiben, Übersetzen usw., genützt werden, um komplexe Vorgänge der Weitergabe molekularer Strukturen in chemischen und biologischen Theorien darzustellen.

Diese suggestive Bezugnahme ist genau das, was für Modellbildungen üblicherweise in Anspruch genommen wird: Das Modell selbst muß aus dem Bereich des Bekannten (oder besser Bekannten) genommen sein, um das Unbekannte (oder weniger Bekannte), das zu Modellierende darzustellen. Aber niemals

wird dadurch das Modell selbst revidiert. Diese Abhängigkeit ist eine methodische und deshalb nicht umkehrbar.
Historischer und systematischer Hintergrund für den dabei auftretenden Denkfehler (nämlich, daß Moleküle irren könnten) dürfte die *innerhalb der Biologie* klassisch gewordene Gleichsetzung von »Information« und »Aufprägen einer Form« etwa im Sinne von Konrad Lorenz sein (K. Lorenz 1981). Dieser spricht nicht nur bei Stoffwechselprozessen, in denen einerseits Nahrung durch einen Organismus assimiliert wird, andererseits aber der Organismus durch die assimilierte Nahrung erhalten und »an die Natur angepaßt« wird, von »Information« – in einem erstmals in der Scholastik auftretenden Sinne von »Einformung« oder »Aufprägen einer Form« (vgl. H. Schnelle 1976); Lorenz spricht auch davon, daß der nach seinen Vorstellungen evolutionär stattfindende Anpassungsprozeß organismischer Lebensformen an Umweltbedingungen ein »Informieren« sei, wie etwa das Wasser bzw. die Gesetze der Hydrodynamik sich als Information in der Gestalt (aufgeprägten »Form«) der Fischflossen wiederfänden.
Diese Auffassung ist aus konstruktionsmorphologischer Sicht mit guten Gründen erheblich kritisiert worden (vgl. Wolfgang F. Gutmann, Michael Weingarten 1990), aber dies soll hier nicht Gegenstand der Debatte sein. Erwähnt wurde diese Sprechweise, weil sie darauf verweist, daß auch in (»makroskopischen«) organismustheoretischen und evolutionsbiologischen Ansätzen die Rede von »Information« im Sinne der räumlichen oder funktionellen Formung von Organismen und Organen unkritisch bereits in der etablierten Schulbiologie geläufig ist.
Dieser Bezug auf den Wortsinn »Aufprägen einer räumlichen Form« wird auch in der Genetik genutzt (nicht zuletzt in den bildlichen Darstellungen, wo einzelne Basen wie unterschiedlich geformte Stecker und Buchsen einander paarweise zugeordnet werden, um die komplementäre Passung, das Schlüssel-Schloß-Modell, sichtbar zu machen). »Information« wird dabei als Weitergabe, Abbildung oder Verdopplung räumlicher Strukturen von Molekülen verstanden. Diese Modellbildung, wonach Molekülketten als »Matrizen« für die Herstellung komplementärer Molekülsequenzen dienen, veranschaulicht also die mit chemischen Mitteln kausal zu beschreibende Entstehung von Molekülketten nach dem Modell von Prägestock und Münze. Ein räumlich konfiguriertes System prägt seine Struktur einem anderen

System auf, das übrigens seinerseits diese Struktur weitergeben kann im selben Sinne, wie man von der geprägten Münze wieder einen Abguß anfertigen kann. (Schon Linus Pauling und Max Delbrück benützen 1940 das Bild von Prägestock und Münze in einem Aufsatz über die Natur von Kräften zwischen Molekülen in lebenden Zellen. Vgl. Joachim W. Engels 1998)
Hier ist zu fragen: In welchem Sinne und mit welcher Berechtigung kann diese nach einem Passungs- oder Abgußmodell weitergegebene räumliche Struktur als Weitergabe von »Information« bezeichnet werden? Was heißt es hier, daß in der räumlichen Struktur eines materiellen Systems Information »verschlüsselt« oder »codiert« sei? (Welchen Sinn hätte es, im Modell gesprochen, der Prägestock gebe (s)eine Information an die Münze weiter? Oder, welche Information ist im Prägestock »verschlüsselt«, »codiert«?)
Hier liegen ersichtlich zwei aufeinander bezogene, wenn auch in diesem Bezug erst zu klärende Beschreibungen ein und desselben Gegenstandes vor, nämlich die der räumlichen Anordnung von Teilen in Molekülen oder Molekülketten einerseits und von codierter Information andererseits – wie in der Nachrichtentechnik beim Verhältnis von Signal(struktur) zur Nachricht.
Wir sind zwar aus dem alltäglichen Umgang mit informationstragenden, informationsverarbeitenden und informationsspeichernden Geräten vertraut damit, daß materiellen Strukturen und ihren zeitlichen Veränderungen die Weitergabe, Transformation und Speicherung von Information oder Nachrichten zugesprochen werden. In diesem Sinne sagt man z. B., die (geometrische) Form der Schallplattenrille »codiert« oder enthält »verschlüsselt« die »Information«, die als Musik oder Sprache beim Abspielen gehört wird. Dies ist die übliche, auch für die Theorie der Rechenmaschinen, der Expertensysteme und der »künstlich intelligenten« Maschinen durchweg benützte Sprechweise.
Aber ersichtlich liegt hier ein erkenntnistheoretisches Problem. Die Beziehung zwischen den beiden Beschreibungen ist so unklar wie kontrovers: Die eine, optimistische, in den verschiedenen Formen von Reduktionismus oder Emergentismus auftretende Variante besagt, daß aus der primären räumlichen Beschreibung (etwa der Geometrie der Schallplattenrille) die sekundäre, informationistische (etwa der Sinn der in der Schall-

plattenrille codierten Worte) gewonnen werden kann. (Auch Morris und Shannon gehören zu diesen Optimisten.) Die entgegengesetzte, pessimistische, hält eine solche Erklärung für schlicht absurd.

Beide Positionen haben anzuerkennen, daß niemand einen Weg von der Beschreibung materieller Strukturen zu den darin codierten Informationen angeben kann (in dieser Richtung und im Sinne von Semantik und Pragmatik gesprochener Rede, logisch und definitorisch abgeleitet etwa aus der Geometrie der Schallplattenrille).

Für diesen (zum Bereich des »Körper-Geist-Problems« zu zählenden) Streit sollen hier in einem elementaren Sinne einige Bedingungen geklärt werden, und zwar durch ein simples Beispiel: Man denke an einen Taschenrechner, wie er jedermann vertraut ist. Ein und dasselbe Referenzobjekt, nämlich ein individuelles, konkretes Gerät wird durch zwei verschiedene Beschreibungen und Beschreibungssprachen erfaßt: zum einen durch die ingenieurmäßige, physikalische Sprache, die der Konstrukteur oder Hersteller des Geräts benötigt, und zum anderen durch die mathematische Sprache der Rechenleistungen, die als Input-Output-Verhältnis zwischen dem eingegebenen Rechenbefehl und dem abgelesenen Resultat besteht. Selbstverständlich, aber leider meist übersehen, geht es in beiden Beschreibungen *um wahre oder gültige*, nicht um falsche *Sätze*. Das heißt, das Verhältnis der beiden Beschreibungen des Rechners betrifft auf einer höheren Sprachebene die Frage, wie die Wahrheit der Rechenergebnisse aus der Wahrheit der Rechnerphysik folgt. Hier stellt sich eine Art von »Körper-Geist-Problem«: Wie hängen die mathematischen Beschreibungen der Rechenleistungen von den technisch-physikalischen Beschreibungen ab?

Wer sich an den Dogmatismus des Logischen Empirismus und an die Tradition von Morris hält und deshalb die Wissenschaftlichkeit von Aussagen entweder auf logisch-definitorisch-mathematische Aussagen oder auf naturwissenschaftlich-empirische Aussagen beschränken möchte, kann diese Frage nicht beantworten. Denn *weder folgen* aus der technisch-physikalischen Beschreibung des Rechners die von ihm produzierten, gültigen Rechenergebnisse *logisch*, noch lassen sich die gültigen Rechenergebnisse durch die technisch-physikalische Beschreibung des Rechenwerks *empirisch kausal erklären.*

Diese These selbst, die einer endlosen Zahl von Glaubensbekenntnissen und programmatischen Äußerungen von KI-Optimisten und Neurowissenschaftlern zuwiderläuft, eben der naturalistischen Legende, ist leicht zu untermauern: Dazu betrachte man den Fall einer Störung des Rechenwerks, sei es aufgrund eines Konstruktionsfehlers, sei es aufgrund der plötzlich auftretenden Fehlfunktion einer Komponente des Rechners. In jedem Falle sei die *Störung* so, daß sie zu *falschen* Rechenergebnissen führe. (Man denke an den Ausfall eines Querstrichs im Display, der aus einer 8 eine 0 macht.) Aus der Falschheit des Rechenresultats folgt aber nicht eine falsche Beschreibung des Rechenwerks im technisch-physikalischen Sinne (wie sie es nach der schlichten logischen Kontrapositionsregel müßte). Vielmehr wird der Defekt des Rechners, wie jeder kompetente Reparaturversuch belegt, wieder mit einer technisch-physikalisch *gültigen* Beschreibung beginnen, hier nun selbstverständlich einer Beschreibung des Defektes. Mit anderen Worten, die physikalisch-technische Beschreibung ist *für beide Fälle*, für den korrekt funktionierenden und für den defekten Rechner, gültig. Also kann von der Geltung der technisch-physikalischen Beschreibung allgemein nicht logisch auf die Wahrheit der Rechenresultate geschlossen werden.

Mit der Kausalerklärung steht es analog, d. h., zutreffende Beschreibungen gibt es sowohl für den korrekt funktionierenden wie für den falsche Rechenergebnisse liefernden Rechner. Falsche Rechenergebnisse zu liefern entzieht den defekten Rechner also nicht dem Aussagenbereich gültiger Kausalerklärungen in technisch-physikalischer Sprache. Kurz, die Physik des Rechners liefert nicht kausal die Arithmetik seiner Leistungen. Die Naturalisten und Logischen Empiristen haben schlicht vergessen, daß es nicht bloß um physikalische und mathematische Beschreibungen des Taschenrechners geht, sondern um *gültige*, *wahre* Beschreibungen. Nur die *richtigen* Rechenergebnisse, nicht beliebige Anzeigen interessieren hier, d. h. bilden die investierten Zwecke der Menschen, die Rechner erfinden, bauen oder benützen.

Die am Taschenrechner gewonnene Einsicht ist auch für die informationstheoretisch gefärbte Rede von »Transkribieren«, »Codieren« usw. in der Molekularbiologie einschlägig. Es führen keine Wege von der Beschreibung materieller Systeme *zur Geltung* von Beschreibungen sogenannter »höherer« Systemeigenschaften. Mit anderen Worten, hier wiederholt sich die Einsicht, daß die Metaphorik der Genetiker nicht nur redundant, sondern inadäquat ist.

Von der Metapher zum methodischen Kopfstand

Auch in den Naturwissenschaften mögen Metaphern in der Form metaphorischer Modelle zahlreiche Vorzüge haben. Soweit die Metaphorisierung eines Sachverhaltes nicht mit wesentlichen seiner Eigenschaften im Widerspruch steht, die Wahl der Metapher also ersichtlich unangemessen ist, spricht wohl auch nichts gegen *anthropomorphe* Metaphern in den Naturwissenschaften. Im Alltagsleben ist es ebenso geläufig wie unproblematisch, Geräte zu anthropomorphisieren. In solchen Beschreibungen »will das Auto nicht anspringen«, »stürzt der Computer absichtlich ab« und ist »die Fernbedienung des Videoplayers hinterhältig«. Diese vertrauten Als-ob-Sprechweisen lassen sich immer unproblematisch auflösen, weil der technisch-artifizielle Charakter der Objekte klar ist und schlimmstenfalls die Konstrukteure, Verkäufer oder Benützer solcher Geräte zu tadeln wären.

Anders liegen die Dinge, wenn Naturwissenschaftler in Wahrnehmung ihrer fachspezifischen Kompetenz behaupten, die Menschenähnlichkeit ihrer nachrichtentechnischen oder informationstheoretischen Sprechweisen sei gerade *keine Metaphorisierung*, sondern die eigentliche, direkte, ursprüngliche, nichtmetaphorische Darstellung. Hier erreicht man sozusagen den innersten oder harten Kern der Naturalisierung der Information.

Läßt man noch einmal die oben angeführten fachwissenschaftlichen Zitate der Biophysiker Revue passieren, so sei Information (und ihre Erzeugung, Verarbeitung und Speicherung) ein spezifisches Kennzeichen des Lebendigen. Naheliegenderweise seien deshalb die Lebenswissenschaften, das heißt biologische Teildisziplinen, für den Begriff der Information zuständig. Soll dann auch noch, was nach dem Selbstverständnis der Biowissenschaften heute tatsächlich der Fall ist, die *Entstehung des Lebens aus dem Unbelebten* naturhistorisch *erklärt* werden, dann wird auch die *Entstehung von Information Gegenstand der Biologie*. Da schließlich unstrittig die Physiker und die Chemiker für die Verhältnisse des Universums und seiner Entwicklung in den Zeiten oder den Kompartimenten zuständig sind, in denen es kein Leben gab, sei konsequenterweise die »biologische« Entstehung des Lebens und damit der Information mit den Mitteln der Chemie und letztlich der Physik zu bewältigen. In letzter Instanz sei also die Physik die zuständige Wissenschaft, die, wäre sie nur schon fertig, die Geschichte vom Urknall bis zum Sozialstaat beschreibt, wieder konsequenterweise unter Einschluß der Kulturgeschichte, der Geschichte der Naturwissenschaften und damit schließlich der hier betrachteten Thesen selbst.

Ein nachdenklicher Mensch dürfte, so sollte man annehmen, einen solchen allumfassenden Anspruch als allzu kühnen Entwurf durchschauen und die ungezählten Zirkelfallen bemerken. Daher ist zu vermuten, daß solche Auffassungen kaum jemand ernsthaft vertreten könne. Das Gegenteil ist jedoch der Fall.

Exemplarisch und wegen seiner öffentlichen Wirksamkeit keineswegs exotisch ist etwa das Buch »Die Einheit des Wissens« des Biologen Edward O. Wilson (Berlin 1998, aus dem Amerikanischen: »Consilience. The Unity of Knowledge«, New York 1989). Dort heißt es: »Die Grundidee bei der Vorstellung von einer natürlichen Einheit alles Wissens ist, daß alle greifbaren Phänomene, von der Sternengeburt bis hin zu den Funktionsweisen von gesellschaftlichen Institutionen, auf materiellen Prozessen basieren, die letzten Endes auf physikalische Gesetze reduzierbar sind, ganz egal wie lang oder umständlich ihre Sequenzen sind.« (355) Was hier noch als »Grundidee« und »Vorstellung« bezeichnet wird, tritt aber nicht als kühner Denkversuch, sondern als Tatsachenbehauptung auf: »Wissenschaftler pflegen sich mit den Themen Verhalten und Kultur aus der jeweiligen Perspektive ihrer Disziplin zu befassen – Anthropologie, Psychologie, Biologie und sofort. Ich aber behaupte, daß es in Wirklichkeit nur einen einzigen Erklärungsansatz gibt. Er durchquert die Skalen von Zeit, Raum und Komplexität, um die grundverschiedenen Fakten dieser Disziplinen zu vernetzen und ein nahtloses Gewebe aus Ursache und Wirkung herzustellen.« (355)

Die Erklärung nach Ursache und Wirkung im Sinne von naturwissenschaftlichem Kausalwissen ist das Fundament dieser Kernbehauptung. Wollte da noch jemand etwa auf die Kultürlichkeit, Sprachlichkeit oder Sozialität solcher Thesen hinweisen, um etwa an die Verantwortung eines handelnden Menschen zu erinnern, findet er abwehrend schon zu Beginn des dicken

Buches: »Angesichts der Tatsache, daß menschliche Handlungen auch auf physikalische Kausalzusammenhänge zurückgehen, muß man sich doch fragen, aus welchem Grund sich die Sozial- und Geisteswissenschaften der Vernetzung mit den Naturwissenschaften verschließen sollten.« (18) Und sollte der Philosoph noch nach Luft ringen, liest er: »Die Philosophie, das Nachdenken über das Unbekannte, wird sich als Wissensgebiet zusehends verkleinern. Daher ist es unser gemeinsames Ziel, soviel Philosophie wie nur möglich in Wissenschaft zu verwandeln.« (19)

Dieses eindrucksvolle Beispiel der Naturalisierung hat gerade in den Biowissenschaften prominente Vorgänger. Konrad Lorenz, ebenfalls Nobelpreisträger wie Wilson, unternimmt in seinem Buch »Die Rückseite des Spiegels« (1977) nicht nur einen »Versuch einer Naturgeschichte menschlichen Erkennens« im Sinne einer Erkenntnistheorie, die nichts Geringeres leisten soll, als die Erkenntnistheorie seines berühmten Königsberger Vorgängers Immanuel Kant zu naturalisieren. Wo Kant von den Bedingungen der Möglichkeit von Erfahrung spricht, wird bei Lorenz *das Apriori der Erkenntnis zum Aposteriori der Stammesgeschichte*. Naturgeschichtlich seien uns die von Kant ins Auge gefaßten Erkenntnisdispositionen durch Selektion evolutionär zugewachsen. Aber, wie eingeleitet, soll die Ausweitung der Evolutionsbiologie auf die Erkenntnistheorie nicht nur diese naturalisieren, sondern darüber hinaus die gesamte menschliche Kultur als eine Fortsetzung des Naturgeschehens naturwissenschaftlich erklären.

Bescheiden gibt sich bei Lorenz nur der Ton, nicht aber der Anspruch: »Ich glaube sichere Anzeichen dafür wahrzunehmen, daß eine auf naturwissenschaftlichen Erkenntnissen sich aufbauende Selbsterkenntnis der Kulturmenschheit aufzuleuchten beginnt. ... Eine reflektierende Selbsterforschung der menschlichen Kultur hat es nämlich bisher auf unserem Planeten nie gegeben. ... Die naturwissenschaftliche Erforschung des Wirkungsgefüges, das die menschliche Sozietät und ihre Geistigkeit trägt, hat eine schier unabsehbar große Aufgabe vor sich. ... Dennoch aber glaube ich, daß der Mensch als Spezies an einer Wende der Zeiten steht, daß eben jetzt potentiell die Möglichkeit zu ungeahnter Höherentwicklung der Menschheit besteht. ... Potentiell ... ist unsere Kultur durch die von ihrer Naturwissenschaft geleistete Reflexion in die Lage versetzt, dem Untergange zu entgehen, dem bisher alle Hochkulturen zum Opfer gefallen sind. Zum erstenmal in der Weltgeschichte ist das so.« (303-304) Noch Fragen?

Hier geht es nicht um die Kritik von Selbstüberschätzung, sondern um die Naturalisierung der Information als Legende. Genauer geht es um die Wege, wie sprach- und kommunikationstheoretische Metaphern durch Umdeutung zu naturwissenschaftlichen Objekten werden.

Die naturalistische Strategie muß nicht bestreiten, daß Sprache, Sprachphilosophie, ja teilweise Zeichentheorien, die Informations- und Nachrichtentechnik, ja das gesamte investierte Unterscheidungs- und Hypothesensystem historisch älter sind als die radikale Naturalisierung der Information durch die jüngere Biologie und Physik. Ganz im Gegenteil. Es entspricht dem Selbstverständnis solcher Naturalisierer, daß die Geisteswissenschaften und die Philosophie ältere, noch weniger hochentwickelte Vorläufer der besseren, naturwissenschaftlichen Einsichten sind. Im Grobschema: erst die Mythen, dann die philosophischen Aufklärer der Mythen, dann die Emanzipation der Teilwissenschaften aus der Philosophie, dann die Aufklärung der Aufklärungsphilosophie und der Geisteswissenschaften durch die Naturwissenschaften – so wird naturalistisch die Aufstiegsgeschichte menschlicher Kultur gesehen.

Es muß also, konsequent naturalistisch, nicht bestritten werden, daß »zuerst« die menschliche Sprache da war, »dann« die (wiederum sprachliche) Reflexion auf Sprache, um diese schließlich zu naturalisieren, d. h. naturwissenschaftlich zu bewältigen. Das (geradezu eschatologische) Ende dieses Weges besteht darin, letztlich von der Physik alles zu erwarten, also insbesondere als (keineswegs polemisch unterstelltes, sondern explizit vertretenes) Ziel, auch eine Geschichte von Physik und Biologie (als Teil der Kulturgeschichtsschreibung) in eine Physik der Geschichte zu überführen. Doch bleiben wir bei den kleineren Schritten:

»Wenn wir das Prinzip der molekularen Informationsspeicherung in den Erbmolekülen eines Lebewesens als ›Molekularsprache‹ bezeichnen, so steckt dahinter *mehr als eine bloße Metapher.*« So äußert sich der Eigen-Schüler Bernd-Olaf Küppers in seinem Buch »Der Ursprung biologischer Information. Zur Naturphilosophie der Lebensentstehung« (1990, S. 50). Zur Begründung fährt er fort: »Dies zeigt sich besonders klar an der Syntax, also der hierarchisch organisierten Beziehung der Einzelsymbole untereinander. Wie die menschliche Sprache besitzt auch die genetische Molekularsprache eine syntaktische Dimension.« Es folgt eine tabellarische Übersicht, in der »genetischen Schrifteinheiten« »analoge Spracheinheiten« gegenübergestellt werden. Es entsprechen sich Nukleotid und Buchstabe, Codon und Phonem oder Morphem, Gen und Wort oder (einfacher) Satz, Scripton und (zusammengesetzter) Satz, ... Chromosom und Absatz, Genom und Gesamttext sowie Genotyp und Gesamttext mit Kommentaren.

Dazu heißt es: »Die *Analogie* zwischen der menschlichen Sprache und der genetischen Molekularsprache ist *durchaus stringent.*« Zwar sind »der Sprachanalogie ... auch Grenzen gesetzt. So besitzt die genetische Molekularsprache, wenn man von bestimmten molekularen Regulationsphänomenen einmal absieht, keine interrogativen Merkmale. Und der generative Charakter der menschlichen Sprache findet seine molekulargenetische Entsprechung erst im Rahmen der evolutionären Entwicklung der Lebewesen in ihrer Gesamtheit.« Aber über eine geeignete Darstellung der Theorie von Shannon und Weaver durch den biologischen Autor und durch eine entsprechende Interpretation von Semantik und Pragmatik soll doch eine Semantik der genetischen Information und schließlich ihre pragmatische Interpretation erreicht werden.

Mit philologischer Akribie darf man diesen Text nicht lesen. Es gehe zwischen menschlicher und Molekülsprache um eine »durchaus stringente Analogie«, hinter der »mehr als eine bloße Metapher« stecke. Metaphern sind »übertragene Bedeutungen«, Analogien Struktur- oder Funktionsgleichheiten. Der Autor hätte sich schon für einen der beiden Ausdrücke entscheiden und außerdem sagen müssen, ob die Genom-Sprache-Analogie strukturell oder funktionell von ihm gemeint ist. Denn dies macht genau den Unterschied zwischen einer nahezu beliebigen Zuordnung molekularer und sprachlicher Bausteine und einer (Sinn und Geltung tragenden) Sprache!

Die Formulierung von den »interrogativen Merkmalen« in »bestimmten molekularen Regulationsphänomenen« ist wohl so zu verstehen, daß ein Abgleich von Soll- und Ist-Werten im Regelungsvorgang in der »genetischen Molekularsprache« als Frage zu interpretieren sei. Am Ende, soviel ist als Programm des gesamten Buches sicher, sollen die höheren, kultürlichen Phänomene wie menschliche Sprache oder Kulturgeschichte aus einer

physikalischen Beschreibung und Erklärung des »Ursprungs der biologischen Information« gewonnen werden.
Hier soll weniger die wissenschaftlich unseriöse Lücke betont werden, die zwischen Anspruch und Wirklichkeit, zwischen Programm und Durchführung dieses Ansatzes liegt. Mehr als eine hoch spekulative (strukturelle) Analogie zwischen einer sprachwissenschaftlich zerlegten menschlichen Sprache einerseits und einer etwas gewaltsam auf Passung der Analogie zugeschnittenen Molekular-»Sprache«, die dann ohne Grund, also per Geschmacksentscheidung, als »stringent« bezeichnet wird, liegt hier nicht vor. Erst recht gibt es keine Hinweise, wie aus molekularen Vorgängen so etwas wie eine Sprache als Mittel der Kommunikation zwischen zweckrational handelnden Menschen zu gewinnen sei.
Was man aber von einem Autor, der sich philosophischen Themen zuwendet, erwarten dürfte, ist der elementare Gedanke, daß ja *das gesamte Programm* und die Ausführungen des zitierten Buches *selbst in Sprache stattfinden*. Das heißt, hier kommen Behauptungen eines Autors vor, die selbst mit dem Anspruch auf Verstehbarkeit und inhaltliche Zustimmung vorgetragen werden. Diese Tatsache wird hier naiv übersehen. Die Naturalisierung der Sprache auf dem Weg einer Analogiebildung kann sich nicht einmal selbst einholen; sie steht mit sich selbst in einem *performativen Widerspruch*. Wo Moleküle oder deren Verbände nichts behaupten oder fragen und schon gar keine Bekundungen über innere Zustände oder performative Sprechakte wie das Bitten, Danken, Versprechen, Ernennen usw. durchführen können, ist auch kein Zugang zu eben der Sprache zu gewinnen, in der die informationstheoretische Verhandlung molekularbiologischer Zusammenhänge erfolgt.
Mit anderen Worten, hier wird das Prinzip verletzt, daß die Naturwissenschaften vom Menschen diesen nicht so beschreiben dürfen, daß ebendiese Beschreibung selbst ausgeschlossen wird. Wir nennen dies das *kulturalistische anthropische Prinzip*. Es heißt kulturalistisch zur Unterscheidung einer naturalistischen Form in der Kosmologie. Dort wird für Entstehungstheorien des Universums (in einer schwachen Form) postuliert: Entstehungstheorien des Universums dürfen die Entstehung des Menschen *nicht ausschließen*. In einer starken Form wird postuliert, die Entstehungstheorien des Universums müssen die Entstehung des Menschen auf der Erde *erklären*. Dies ist ersichtlich selbst

eine naturalistische Auffassung, bei der »der Mensch« nur als Gegenstand der Naturwissenschaft Biologie und in diesem Sinne als Naturgegenstand auftaucht. Ohne diese dogmatische Beschränkung müßte von der Kosmologie und muß generell von den Naturwissenschaften vom Menschen verlangt werden, daß sie (wieder: in einer schwachen Form) durch ihre Theorien zumindest das Treiben eben von Kosmologie oder Humanbiologie nicht ausschließen. Da aber die Ansprüche der Naturwissenschaften vom Menschen gerade die Ersetzung kulturwissenschaftlicher oder philosophischer Beschreibungen des Menschen betreffen, *muß das Prinzip sogar in einer starken Form erfüllt sein*: Die Biowissenschaften müssen die Fähigkeit und das Faktum erklären können, daß der Mensch ebendiese Biowissenschaften treibt.

Die Verletzung dieses Prinzips, unter anderem in der Theorie vom Ursprung biologischer Information, endet im naturalistischen Kurzschluß, genauer im methodologischen Kopfstand, das Explanans (das Erklärende) mit dem Explanandum (dem Erklärungsbedürftigen) zu verwechseln. Nicht die Natur erklärt das Kulturphänomen Sprache und Wissenschaft, sondern das Kulturphänomen Wissenschaft erklärt sprachlich die Naturphänomene durch die Kulturleistungen einer Physik, einer Biologie und einer nachrichtentechnischen Sprache.

Das Geistlose in der Maschine

Blickt man resümierend auf die Mißverständnisse des »Nachrichtenkomplexes« in Folge der in sie investierten dogmatischen Philosophie des Logischen Empirismus und sieht ihre konsequente Anwendung im Geschwätz der Moleküle und Neuronen, das schließlich in der These vom Primat der biologischen Information zu einem methodologischen Kopfstand führt, so wird ein durchgängiges Motiv sichtbar: Die bloß strukturelle oder syntaktische Auffassung der Information unter Vernachlässigung von Bedeutung und Geltung sprachlicher Kommunikate wird nahegelegt und hält sich durch, weil *im Bereich der Syntax und der Beschreibung von Strukturen konsequent zweideutig verfahren* wird.

Die räumlichen Anordnungen etwa von Mustern auf Papier, von Molekülen in einer Molekülkette, von Schallplattenrillen oder Festplattenmagnetisierungen sind neutral gegenüber dem Tragen von Bedeutung und Geltung. (Die Schallplatte funktioniert für – sinn- und geltungsneutrale – Musik genauso wie für einen sprachlichen Vortrag.) Der Strukturtheoretiker erweist sich als naiv bezüglich seiner eigenen Geltungsansprüche. Er erhebt sie wie der gedankenlose Laie im schlichten Vollzug des Alltagslebens. Wer etwas behauptet, vollzieht die Behauptung, beschreibt oder reflektiert sie aber nicht. Wird die Behauptung bestritten, reagiert der Laie im Rahmen der Gepflogenheiten eines mehr oder minder disziplinierten Gesprächs. Bei der Reduktion menschlicher Sprache auf ihre materiellen Träger dagegen wird dieselbe Naivität, wenn auch von einem (naturalistischen) Wissenschaftler vollzogen, fatal. Er reagiert auf das Faktum, daß eine von Menschen im Reden vollzogene Sprache nur mit Bedeutung und Geltung ein adäquates Mittel für Kommunikation ist, wie der nach physikalischen Gesetzen funktionierende Telefonapparat. Ob beim Telefonieren Sinnvolles oder Sinnloses, Wahres oder Falsches, Nützliches oder Nutzloses, Verständliches oder Unverständliches gesagt wird, spielt für die Funktion des Telefons keine Rolle. Genau das gleiche gilt für den naturalisierten Informationsbegriff und seine naturwissenschaftlichen Übernahmen.

Der Rückgang auf die syntaktischen oder Strukturaspekte der Nachrichtenübertragung und all die oben kritisierten Anwendungen in den Naturwissenschaften verdecken ein bestimmtes *Körper-Geist-Problem*: Wie können die materiellen Träger von Informationen oder Kommunikaten Bedeutung und Geltung haben, also Qualitäten, die etwas mit dem Verstehen und dem Anerkennen sprachlicher Akte durch die an einem Kommunikationsprozeß Beteiligten zu tun haben? Die Naturalisierung der Information bleibt damit ein nicht auf Theorien der Information oder der Kommunikation beschränktes Dilemma. Sie ist Begleiterscheinung, manchmal Ursache, manchmal Folge eines unbewältigten Körper-Geist-Problems, das eben nicht nur dort auftritt, wo die Naturwissenschaften vom Menschen diesen letztlich mit Hilfe der Physik als materielles System beschreiben und hoffen, von dort aus die höheren, geistigen Qualitäten menschlichen Handelns und Bewußtseins erklären zu können.

Das Körper-Geist-Problem stellt sich nicht nur am Objekt Mensch selbst, sondern auch an seinen Hervorbringungen und Produkten, die von den Geräten der Nachrichten- und Computertechnik bis zu den entsprechenden Wissenschaften reichen. Deshalb sollen im folgenden Aspekte des Körper-Geist-Problems zur Sprache kommen, die mit der Naturalisierung des Informationsbegriffs eng zusammenhängen. Damit soll zugleich die Auffassung kritisiert werden, die *Reduktion* des Kommunizierens auf Syntax oder die Struktur der Nachrichtenübertragung erlaube, wenn einmal durchgeführt, in umgekehrter Richtung wieder den Aufstieg bis zur sinnvollen menschlichen Rede. Solche »Aufstiege« bedienen sich eigener Ansätze und Theorien, von denen hier die Systemtheorie und die Emergenztheorien behandelt werden. Doch dazu ist erst genauer zu bestimmen, worin das (heute vor allem wegen der Hirnforschung diskutierte) Körper-Geist-Problem besteht.

Die Erfindung des Körper-Geist-Problems

Im täglichen, normalen und ungestörten Lebensvollzug gibt es kein Körper-Geist-Problem. Ein Mensch, der einen Spaziergang macht, eine Speise zu sich nimmt oder ein Gespräch mit einer anderen Person führt, tut etwas, das für den wissenschaftlichen Beobachter immer zugleich körperliche und geistige Aspekte hat. Erst wenn Störungen auftreten, wenn etwa der Spaziergänger unversehens stürzt, der Esser auf einen Kirschkern im Kuchen beißt und der Sprecher durch den Knall eines Überschallflugzeugs gestört wird, werden Körper und Geist unterschieden. Die genannten Störungen sind körperlicher Art. Der Körper wird dabei wie ein plötzlich gestörtes Werkzeug für die ausgeübte Tätigkeit betrachtet. Die »geistigen« Aspekte wie der Erholungswert des Spaziergangs, der Genuß des Kuchens oder die Neuigkeiten des Gesprächs leiden unter den körperlichen Störungen. Damit kommen aber auch erst die entsprechenden nichtkörperlichen Ziele in den Blick. Kurz, das Körper-Geist-Problem stellt sich im alltäglichen Leben in der Form gestörter Verhältnisse.
Die Frage nach den körperlichen Ursachen der Störungen des noch ungeteilten Prozesses im Lebensvollzug taucht auf, aber nicht als philosophischer Luxus, sondern als hilfreicher Zwischenschritt, die Störungen ursächlich zu erkennen und auf diesem Weg beheben oder vermeiden zu können. Das Körper-Geist-Problem ist mit anderen Worten ein nützliches Schema im

Rahmen eines Störungsvermeidungs- oder Störungsbeseitigungswissens. Dieses Wissen ist im Alltagsleben ein »Wissen wie«, ein Know-how.
Damit ist aber weniger ein *Körper-Geist-Problem* als vielmehr die *Körper-Geist-Unterscheidung* an elementaren Situationen des Alltagslebens bestimmt. Ein *Problem* ergibt sich erst aus dem in Wissenschaften und Philosophie erhobenen Anspruch, das Geistige durch das Körperliche zu »erklären« oder ersteres auf letzteres »zurückzuführen«, zu reduzieren. Hier kann nicht genauer auf die Geschichte des Körper-Geist- oder auch des Leib-Seele-Problems eingegangen werden, das nach der einschlägigen Literatur in der (analytischen) Philosophie des Geistes bereits in der Antike bei Platon (als einem Dualisten) und bei Aristoteles (als einem Monisten) auftritt.
Dualistisch nennt man Auffassungen, die (in vielfältiger Form) zwei verschiedene Welten postulieren, die Welt des Körperlich-Materiellen und die Welt des Geistig-Immateriellen. Methodisch erst *nach* dieser Einteilung des Vorfindlichen in die beiden Welten stellt sich dann die Frage nach deren Wechselbeziehungen. Schwer zu bestreiten ist, daß solche Wechselbeziehungen im Sinne von Wechselwirkungen leicht angegeben werden können. Wenn eine Person einen Stein wirft, hat sie etwas Geistiges, nämlich ihre Absicht, in eine Körperbewegung umgesetzt. Wird eine Person von einem Stein getroffen und fühlt Schmerz oder vielleicht Wut auf den Steinewerfer, so hat eine Körperbewegung eine Wirkung auf einen Geist ausgeübt.
Die Vertrautheit solcher alltäglicher Beispiele muß erst durch eine Erfindung zu einem Körper-Geist-Problem gemacht werden. Diese Erfindung betrifft aber weniger die exemplarischen Fälle, bei denen ein Lebensvollzug in seine körperlichen und geistigen Aspekte (für den Betrachter!) zerfällt, als vielmehr die Wissenschaften, die sich für das Materielle, für das Körperliche zuständig halten (wie Physik, Chemie und Biologie). Dafür unterscheiden sie methodologisch zulässige Kausalerklärungen von methodologisch unzulässigen Mentalerklärungen, und daraus ergibt sich das Problem.
Monistische Ansätze gehen schon von einem Scheinproblem in der dualistischen Auffassung aus. Ein Beispiel wäre die oben vorgetragene Beschreibung des Taschenrechners im Sinne eines Beschreibungs-, nicht aber eines Substanz-Dualismus. Hier liegt also keine Zwei-Welten-Theorie vor. Wenn allerdings monisti-

sche Ansätze unter den Dogmatismus des Logischen Empirismus geraten und deshalb nur logische oder Kausalerklärungen als wissenschaftlich zulassen, bleibt auch der Monismus ohne Erfolg.

Wie aber kommt es, daß die Durchschaubarkeit des Körper-Geist-Problems einer ganzen philosophischen und naturwissenschaftlichen Tradition verschlossen bleibt? Ein Teil der Antwort auf die Frage ist bereits mehrfach gegeben worden: Es ist die (nicht zu begründende) Beschränkung der wissenschaftlichen Mittel auf die zwei Bereiche des Mathematisch-Logisch-Definitorischen (die sogenannten analytischen Wahrheiten) und auf den Typ der naturwissenschaftlich-empirischen Wahrheiten durch die Philosophie des Wiener Kreises. Diese Verhältnisse liegen auch heute noch so, obgleich die Analytische Philosophie etwa durch einen ihrer Hauptvertreter, nämlich Willard Van Orman Quine, die Existenz von analytisch wahren Sätzen in Zweifel zieht.

Der Durchschaubarkeit des Körper-Geist-Problems steht auch entgegen, daß es den Wissenschaften und ihren wissenschaftsgläubigen Philosophien große, neue und für höchst attraktiv gehaltene Betätigungsfelder eröffnet hat, mit dem Körper-Geist-Problem als großem Problem umzugehen: Es sind dies unter anderem die Systemtheorie und die Theorien der Emergenz und Supervenienz. Vorläufig und pauschal formuliert sollen die Aspekte des Geistigen als höhere Systemeigenschaften dort zustande kommen, wo das Körperliche hinreichend komplex organisiert ist.

Auch dem Laien begegnet ohne Unterlaß, etwa in den Popularisierungen der Neurowissenschaften, der Hinweis auf die hundert Milliarden Neuronen des Hirns und die entsprechend höhere Zahl der Verschaltungen als ein System, das wegen seiner Superkomplexität vielleicht nie ganz erforschbar sein wird, gleichwohl durch seinen Systemcharakter zu den Höchstleistungen befähigt, die wir aus dem menschlichen Alltagsleben als die Phänomene des Bewußtseins, der Wahrnehmung, der Sprache usw. kennen. Für die Naturalisierung der Information heißt dies, daß die »syntaktische Maschine Gehirn« durch ihre Superkomplexität v. a. mit dem Problem der Bedeutung und Geltung sprachlicher Ausdrücke, also mit den semantischen und pragmatischen Aspekten des Sprechens, zurechtkäme.

Die erwähnten Theorien der Emergenz und Supervenienz sind

begleitende, an die Systemtheorie anschließende philosophische Auffassungen, die – von Naturwissenschaften, insbesondere Evolutionsbiologen begierig aufgesogen – die Verhältnisse zwischen den Komponenten oder Kompartimenten zum Gesamtsystem diskutieren. Gerne wird das schöne Motto bemüht, das Ganze sei mehr als seine Teile, und mit Beispielen wie den einzelnen Tönen und der gesamten Melodie oder den einzelnen Zahnrädern und der ganzen Uhr erläutert. Erst die Abfolge und Dauer von Einzeltönen ergibt die Melodie, und nicht das einzelne Zahnrad, sondern erst das System der mechanischen Komponenten mißt die Zeit.

Da hier naturalistisch immer mitgedacht wird, daß der Mensch und seine Kultur irgendwie evolutionär aus der Ursuppe in einem Frühstadium der Erde und des Universums entstanden sind, liegt es nahe, diese Verhältnisse immer gleich als chronologisch geordnete Höherentwicklung zu interpretieren, die selbstverständlich unter nichts anderem als der Herrschaft des Kausalgesetzes geschehen sein kann. Die höheren Systemeigenschaften heißen gegenüber den niedrigeren »emergent«, oder, wo schon der Beschreibungscharakter dieses Verhältnisses gesehen wird, die Beschreibungen der höheren Systemeigenschaften heißen supervenient über den Beschreibungen der niedrigeren. Soviel zu einer vorläufigen, pauschalen Vorverständigung.

Defizite der Natur- und Technikwissenschaften in der Systemtheorie

»Systemtheorie« ist heute ein gängiger Ausdruck, der längst den Rang einer etablierten Bezeichnung für ein eigenes Gebiet der Forschung und Anwendung errungen hat. Es gibt dafür Einführungen und Lehrbücher wie für die klassische Mechanik oder die Infinitesimalmathematik. Aber was ist der Gegenstand der Systemtheorie? Es lohnt ein Blick auf die Geschichte systemtheoretischer Ansätze in den Fachwissenschaften. Daß »System« auch ein philosophischer Terminus ist, der – etwa in der Philosophie Kants – eine wichtige Rolle spielt, sei hier beiseite gelassen; Auswirkungen einer philosophischen Geschichte des Systembegriffs auf die frühen Ansätze in den technischen und Naturwissenschaften sind nicht nachzuweisen.

Lehrreich ist dagegen, daß der *Systembegriff* bereits für die Naturalisierung der Physik eine große Bedeutung hat. Im zweiten Kapitel wurde Heinrich Hertz als wichtige Quelle des heutigen naturalistischen Physikverständnisses diskutiert. Ihm verdankt die Wissenschaften nicht nur die *Einführung des Modellbegriffs in die Physik* (und von dort aus in die anderen Wissenschaften), sondern auch eine extensive Verwendung des Systembegriffs. Reale Körper werden als Systeme von Massenpunkten idealisiert, wo es um Bewegungen und ihre Erklärung durch Kräfte geht. System und Modell hängen bei Hertz aufs engste zusammen: »Ein materielles System heißt dynamisches Modell eines zweiten Systems, wenn sich ...« beginnt die erste Definition bei Hertz im Abschnitt über »Dynamische Modelle«, der mit einer »Anmerkung« endet: »Das Verhältnis eines dynamischen Modells zu dem System, als dessen Modell es betrachtet wird, ist dasselbe, wie das Verhältnis der Bilder, welche sich unser Geist von den Dingen bildet, zu diesen Dingen ... Die Übereinstimmung von Geist und Natur läßt sich also vergleichen mit der Übereinstimmung zwischen zwei Systemen, welche Modelle voneinander sind ...« (S. 199)

»Systeme« sind nach Hertz Zusammenfassungen, Darstellungen und Idealisierungen von Gegenständen zweier Bereiche, die zueinander in der (symmetrischen) Relation »x ist ein Modell von y« stehen.

Historisch war es weniger die Mechanik, sondern das Gebiet der Elektrizitätslehre, in dem ein neues Problemfeld auftrat: Wo das einfache Ohmsche Gesetz über den Zusammenhang von Spannung, Stromstärke und Widerstand bekannt war und dann in der Elektrodynamik induktive und kapazitive Phänomene (an Magnetspulen und Kondensatoren) beherrscht waren, ging es um eine Beherrschung elektrischer Schaltungen. Wie fließen Ströme und verteilen sich Spannungen in elektrischen Netzen?

Es gab dazu schon Mitte des 19. Jahrhunderts die beiden Ansätze der Knoten- und der Maschentheorie: Nach allgemeinen Prinzipien, daß auch elektrische Energie weder aus nichts entstehen noch ins Nichts verschwinden könne, wurde, sozusagen als Konstruktionsmerkmal für elektrische Netze, postuliert: In einem Knoten, an dem mehrere elektrische Leitungen zusammentreffen, heben sich die zufließenden und die abfließenden Ströme auf. Betrachtet man dagegen eine (geschlossene) Masche in einem Netz, so heben sich auch dort alle auftretenden Ströme auf. (An-

schaulich gesprochen kann ein Knoten weder eine Quelle noch eine Senke für elektrischen Strom sein, und eine Masche von elektrischen Leitern kann kein Perpetuum mobile sein, in dem ohne äußere Energiezufuhr unendlich Strom fließt.)
Einen für das heutige Verständnis der Systemtheorie wichtigen Durchbruch brachte ein deutscher Elektroingenieur, Karl Küpfmüller, mit einem geradezu genialen Einfall: Er erfand eine schematische Darstellungsform elektrischer Netzwerke durch nur zwei Typen von Komponenten, nämlich den Zweipol und den Vierpol. Ein Zweipol ist eine black box mit zwei offenen Enden. Das einfachste Beispiel für einen Zweipol ist ein Stück Draht. Hier ist in der black box nur ein Ohmscher Widerstand anzunehmen. Auch eine Glühbirne, eine Hausklingel, ein Kühlschrank und andere stromverbrauchende Geräte lassen sich unter dieses Zweipol-Schema fassen. Ein Vierpol dagegen ist eine black box mit vier freien Enden. Wer heute mit einem Netzteil den Akku seines Mobiltelefons an der Steckdose auflädt, verwendet einen Vierpol – die zwei Pole des Netzsteckers und die zwei Pole der Stromversorgung seines Gerätes. Transformatoren, Verstärker, Sender, Empfänger und viele andere Geräte sind Vierpole.
Die geniale Theorie Küpfmüllers war es nun, jede überhaupt bekannte oder mögliche Schaltung allein durch Zwei- und Vierpole darzustellen. Die Aufgabe des Elektroingenieurs ist es dann, die entsprechenden Komponenten (black boxes) nach ihren Input-Output-Leistungen zu berechnen.
Für ein besseres philosophisches Verständnis des Systembegriffs ist an der Idee Küpfmüllers wichtig: Seine Systemtheorie ist ein spezielles Darstellungsmittel. Auch der Laie, der keine Schaltbilder elektrischer oder elektronischer Instrumente lesen und verstehen kann, weiß, daß diese Schaltbilder im Verhältnis zu den realen Geräten eine gewisse, nämlich funktionelle Abbildfunktion haben. Sie zeigen, wie das entsprechende Gerät hinsichtlich seiner elektrischen Funktion aufgebaut ist. Solche Schaltbilder sind erforderlich, wenn ein Defekt auftritt und die Ursache in einer Fehlfunktion einer Komponente gesucht wird, um durch Austausch dieser Komponente das Gerät wieder funktionsfähig zu machen. Heute kennt diesen Prozeß zumindest jeder Halter eines Autos.
Man könnte diese Form der Systemtheorie als Beschreibungsweise von komplexen zusammengesetzten Gegenständen be-

zeichnen, bei denen es in erster Linie um bestimmte Funktionen geht, nämlich um die Gesamtfunktion des Systems in Abhängigkeit von den Funktionen der Komponenten (Teilsysteme). Von der einfachen Taschenlampe mit Batterie, Glühbirne und Schalter bis zur hochkomplexen Digitalkamera geht es dabei immer um Artefakte, d.h. vom Menschen technisch-künstlich zu bestimmten Zwecken und deshalb mit bestimmten Funktionen hergestellte Geräte. Kurz, die Systemtheorie ist ein Mittel zur Beschreibung von Funktionalitäten.

Es hat einen guten Grund, die Entstehung der Systemtheorie im Bereich der Ingenieurwissenschaften zu betonen, weil dort, anders als in biologischen oder soziologischen Anwendungen, die fraglichen Systeme künstlich, (griechisch) »technisch« von Menschen nach selbst gesetzten Zwecken ausgedacht, erfunden, konstruiert und gemacht werden. Während bestimmte philosophische Einstellungen von Fachwissenschaftlern in der Biologie oder Soziologie geneigt sind zu unterstellen, die untersuchten Systeme (wie das Sonnensystem oder das Gesellschaftssystem) seien »von sich aus« oder »von Natur aus« vorhanden und als Gegenstand der Erforschung vorgegeben, gilt dies für die Ingenieurwissenschaften definitiv nicht. Selbst der Sonderfall, daß ein Experte ein unbekanntes technisches System in seiner Funktion zu analysieren hat, wie bei der militärischen Aufgabe, die Funktion einer vom Gegner erbeuteten Rakete zu erforschen, betrifft einen nach anerkannten physikalischen Theorien von Menschen konstruierten Gegenstand, also ein Artefakt.

Bei allen ingenieurwissenschaftlichen Gegenständen läßt sich also behaupten, daß die *typischen Beschreibungsprobleme der Funktion von Systemen* – wie kooperieren die Teilsysteme, um die Funktion des Gesamtsystems zu erklären, wo doch die Funktion des Gesamtsystems die Funktionen der Teilsysteme bestimmt? – *nicht der methodische Anfang* des Hervorbringens von Systemen sind. Dort geht es immer schön der Reihe nach, Schritt für Schritt. Wer ein Schaltbild zeichnet, zeichnet Strich für Strich. Wer ein Schaltbild berechnet, rechnet Schritt für Schritt. Wer ein elektrisches oder elektronisches Gerät herstellt, handelt Schritt für Schritt. Für alle diese Schrittfolgen gilt, daß sie nicht beliebig vertauschbar sind. Es gibt immer Ketten von Herstellungsschritten, die nur bei Strafe des Mißerfolgs, also des Verfehlens der gewünschten Funktion, vertauscht werden dürfen. Hier liegen die Verhältnisse genauso wie in anderen herstellenden Handlungsketten. Wer eine bemalte Holzstatue herstellen möchte, muß zuerst schnitzen und dann malen.

Nun wird in systemtheoretischen Lehrbüchern genauso wie in Anwendungen der Systemtheorie auf biologische, ökonomische oder soziale Systeme immer wieder von Autoren beklagt, daß die sozusagen eindimensionale Abfolge von Wörtern und Sätzen in einem Text kein adäquates Darstellungsmittel für die Funktion von Systemen sei. Ein beinahe beliebiges Beispiel: »Einzelne systemtheoretische Problemaspekte (z. B. Grenze – Struktur – Prozeß; Struktur – Funktion – System; Handlung – Erwartung – System) sind so stark ineinander verwoben und voneinander abhängig, daß sie im Grunde simultan dargestellt werden müßten. Das ist mit den Mitteln der geschriebenen Sprache nicht möglich.« (Hellmut Willke, »Systemtheorie«, 3. Auflage 1991, S. 8)

Hier stelle sich eine Art von unaufhebbarem Henne-Ei-Problem oder Anfangsproblem: Da die Funktion des Gesamtsystems durch nichts anderes gebildet sei als durch die Teilfunktionen der Komponenten (und das typische »mehr als die Summe der Teile«), gebe es hier keinen Königsweg. In der Darstellung, Beschreibung und Erklärung eines Systems könne man gleichsam beliebig irgendwo in einem Teilsystem beginnen oder auch das Gesamtsystem in Wechselwirkung mit seiner Umgebung betrachten, um von dort aus jeweils zum noch nicht Beschriebenen überzugehen.

Dies führt nicht nur zu enorm unübersichtlichen Darstellungen etwa im Rahmen der biologistischen Theorien des Radikalen Konstruktivismus oder der sozialen Theorien der Gesellschaftswissenschaften oder der ökonomischen Theorien komplexer Wirtschaftssysteme. Es hat auch spezifisch systemtheoretische Geltungsprobleme zur Folge, wenn schon von der Darstellungsform her ein schrittweises und geordnetes Begründen ausgeschlossen wird.

Berücksichtigt man jedoch, noch einmal ausgehend vom ingenieurwissenschaftlichen Ursprung der Systemtheorie, den Charakter des Hergestellt-Seins von Systemen, läßt sich die benannte Schwierigkeit auch (ironisch) so veranschaulichen: Man betrachte einen (unbestritten handwerklich hergestellten) Teppich, der geknüpft wird, indem Wollfäden diagonal über die Kreuzungen von Kett- und Schußfäden gelegt werden. Dazu werden etwa in einem aufrecht stehenden rechteckigen Holzrahmen zunächst waagerechte und senkrechte Schnüre gespannt und dann die jeweiligen Knoten eingeknüpft. Wenn der Teppich fertig ist und aus dem Rahmen getrennt wird, müssen entsprechend die dann abgeschnittenen Kett- und Schußfäden selbst so verknüpft werden, daß sich an den Rändern die Knoten nicht vom Teppich ablösen können. Der gute, strapazierfähige Teppich zeichnet sich dadurch aus, daß die Knoten dicht genug sitzen, um die Kett- und Schußfäden in Spannung zu halten.

Nun könnte jemand auf den Gedanken kommen zu räsonieren: Einerseits müssen die Kett- und Schußfäden gespannt sein, damit sie die Knoten tragen können. Andererseits müssen die Knoten dicht genug sitzen, um den Kett- und Schußfäden die Spannung zu verleihen. Was also ist hier Henne und was Ei? Die Kett- und Schußfäden sind Bedingung der Möglichkeit für den Ort der geknüpften Wolle, und die geknüpfte Wolle ist Bedingung der Möglichkeit für die Spannung der Kettfäden. Dies sind die Beschreibungsschwierigkeiten (und ihre Gründe), die von Systemtheoretikern beklagt werden: Man betrachtet nur den fertigen Teppich und nicht seine Herstellungsgeschichte. Dort gibt es eine unumkehrbare Reihenfolge der Herstellungsschritte: erst der Holzrahmen, dann das Aufziehen der Kett- bzw. der Schußfäden und dann das Einknüpfen der Wolle.

Mit anderen Worten, die beklagten Probleme der systemtheoretischen Beschreibung im Bereich der Natur- und der Sozialwissenschaften beruhen darauf, daß man diesen einen *Status des Gegebenen* zuschreibt, *ohne die Genese* (des Systems bzw. seiner Beschreibung) zu bedenken. Man unterscheidet nicht hinreichend zwischen der Genese des Systems und der Genese seiner Beschreibung. Auch bei Naturgegenständen (wie dem Sonnensystem) oder bei Kulturgegenständen (wie der Gesellschaft) sind es die vom Beschreiber an die Gegenstände herangetragenen Unterscheidungskriterien, die ein System allererst definieren und im Falle artifizieller Systeme dem Herstellen des Teppichs entsprechen. Und dies Herstellen (also auch der Beschreibungssysteme) muß in einer methodischen Ordnung ablaufen – oder es kommt gar kein System zustande, nicht einmal in der Beschreibung!

Die Paradoxien systemtheoretischer Analysen mit ihren vertrackten Folgeproblemen, wonach z. B. der Systemtheoretiker selbst in dem von ihm beschriebenen (Gesellschafts-) System keinen Ort hat und für die Geltung seiner Beschreibung keinen Wahrheitsanspruch mehr erheben kann, sind Scheinprobleme. Sie lösen sich auf, wenn das Vorurteil vom Gegebensein der Systeme abgelöst wird durch die Einsicht in die Konstruiertheit von Systemen. Konstruieren, Herstellen, auch wenn diese Konstruktion und Herstellung nur eine beschreibende für etwas Vorfindliches ist, unterliegen den Sachzwängen der zum Erfolg führenden Reihenfolge von einzelnen Schritten. Kurz, Systemtheorie muß nur *methodisch* betrieben werden, um ihre Paradoxien und Irritationen zu verlieren. Man bedenke den zweckrational geordneten Entstehungszusammenhang, statt nur den Funktionszusammenhang zu untersuchen. Funktionen sind keine metaphysischen Entitäten, sondern als die Zwecke der (Systeme konzipierenden) Menschen bestimmt.

Zurückkommend zur Information und ihrem vermeintlich natürlichen Charakter läßt sich jetzt *für alle informationsverarbeitenden Systeme* (einschließlich Transport und Speicherung) festhalten: Sofern sie künstlich, d.h. vom Menschen hergestellt werden, ist die methodische Schrittfolge von den Zwecken des Systems (seiner Funktion) her bestimmt. Wie bei der Mechanisierung der Kommunikation besprochen (vgl. S. 33 f.), gehen der Erfindung des Grammophons oder des Telefons als technische Mittel der Nachrichtenübertragung Verständnisse, Analysen und daran anschließend Zwecksetzungen voraus, wie das Sprechen und Hören zwischen Teilnehmern einer Kommunikation stattfindet. Daraus kann der Wunsch entstehen, gesprochene Rede über räumliche oder zeitliche Distanzen zu übertragen. Relativ dazu können dann Systeme konzipiert werden, die diesem Zweck als Mittel zugeordnet sind – nicht anders als die Beispiele des Taschenrechners oder des Kopierautomaten.

Es bedarf aber keines pseudophilosophischen Staunens, wie ein Grammophon spricht, ein Diktiergerät das Diktat versteht oder der Rechner rechnet. Es sind immer primär die Systemfunktionen, die nur über die sogenannten »geistigen« Leistungen Zwekke vorgeben, welche durch die materiellen Mittel, nämlich die Geräte, erfüllt werden müssen. Die verblüffenden *höheren Systemeigenschaften* sind ja gerade die primären, bekannteren, beherrschten, die den künstlich erzeugten Systemen vorgegeben werden. Erst die unangemessenen Umkehrungen eines reduktionistischen Denkens sehen sich mit dem Problem konfrontiert, »von unten« aufsteigend die höheren Systemeigenschaften zu erklären.

Auch in der Naturgeschichtsschreibung liegen die Verhältnisse nicht so, daß die früheren Stadien etwa der Evolution die bekannteren wären und die späteren, komplexeren mit geistig fähigen Menschen die unbekannteren. Vielmehr wird Naturgeschichte als Naturgeschehen »rückwärts« erforscht, ausgehend von der Gegenwart als dem Feststehenden. Wie wird bei bekannter Gegenwart unter bekannten Wirkungsgesetzen das Gegenwärtige als Produkt des Früheren auf ein hypothetisch Früheres zurückgeführt? Das heißt, auch die Entstehung der höheren menschlichen oder auch nur tierischen Leistungen etwa aus den Einzellern läuft, wegen der Konstruktion des Modells, nicht anders ab als die Erfindung, der Bau und die Verwendung informationsverarbeitender Apparate. Natur wird nur konstruierend erkannt, erst recht, wenn sie verflossen ist.

Defizite der naturalistischen Philosophie in den Emergenztheorien

»Emergenz« ist das verheißungsvolle Wort, das den Übergang von physikalischen oder, allgemeiner, naturwissenschaftlichen Beschreibungen eines Systems zu dessen höheren Leistungen bezeichnen soll. Es leitet sich ab vom lateinischen Verbum »emergere« (»auftauchen«, »zum Vorschein kommen«) und hat in der Biologiegeschichte einen, wenn auch erfolglos gebliebenen Konkurrenten: die »Fulguration«. Konrad Lorenz hatte in seinem Ansatz zur Evolution der menschlichen Erkenntnisfähigkeit (in »Die Rückseite des Spiegels«, 1977) diesen Ausdruck aus der Mystik des Mittelalters aufgenommen und an einem Vergleich elektrischer Schaltkreise dargelegt, wie durch die Verbindung verschiedener Schaltschemata »völlig neue Systemeigenschaften (entstehen), die vorher nicht, und zwar auch nicht in Andeutungen, vorhanden gewesen waren« (S. 49). »Fulguration« (von lateinisch »fulgur«, »Blitzschlag«) soll das schlagartige Auftreten völlig neuer Eigenschaften bezeichnen, zu dem Lorenz weiter ausführt: »Obwohl wir, wie immer wieder betont werden muß, als Naturforscher nicht an Wunder, das heißt an Durchbrechungen der allgegenwärtigen Naturgesetze glauben, sind wir uns doch völlig darüber im klaren, daß es uns nie gelingen kann, die Entstehung des höheren lebendigen Wesens aus seinen niedrigeren Vorfahren restlos zu erklären. Das höhere Lebewe-

sen ist ... nicht auf seine einfacheren Vorfahren ›reduzierbar‹, und noch weniger kann das lebende System auf anorganische Materie und die in ihr sich abspielenden Vorgänge ›reduziert‹ werden. Dasselbe gilt aber ganz ebenso für die vom Menschen gemachten Maschinen, die eben deshalb eine gute Illustration für das Wesen der hier gemeinten Nicht-Reduzierbarkeit abgeben.« (S. 54)
Auch wenn sich der terminologische Vorschlag von Lorenz nicht gegen das Wort »Emergenz« durchsetzen konnte, ist seine Erläuterung des Begriffs prägnant und treffend für einen Typ der Emergenztheorien. Es geht, kurz gesagt, um das kausal Unerklärte (oder sogar Unerklärliche), ohne daß der programmatische Rahmen der naturwissenschaftliche Kausalerklärung verlassen werden kann oder darf.
Man vergleiche hierzu die Beispiele im Abschnitt über die Systemtheorie: wie eine Melodie andere Qualitäten aufweist als ihre einzelnen Töne und eine (mechanische) Uhr andere Leistungen zeigt als ihre Komponenten, so zeigen hier – im Rahmen natur*historischer* Untersuchungen – die höheren Lebewesen Qualitäten, die anders sind als diejenigen der niedrigeren. Diese niedrigeren Lebewesen sind selbstverständlich nicht im selben Sinne »Komponenten« des Höheren wie bei Ton und Melodie, bei Zahnrad und Uhr und auch bei Organ und Organismus, sondern gewissermaßen Konstruktionsvorgänger, eher vergleichbar den schlichteren Komponenten, die der Elektroingenieur als Vorstufe für die Konstruktion einer komplexeren Schaltung benützt.
Schon hier ist *das sprachphilosophische Defizit* der Fulgurations- und Emergenztheorien anzumerken: Es könnte doch ein nicht kontroverser Befund sein, daß lediglich die *Beschreibungssprachen verschieden* sind, wo wir über Töne und über Melodien, über Zahnräder und über Uhren, über Organe und Organismen sprechen, und schließlich auch dort, wo wir die Leistungen der Amöbe mit denen eines Falken oder eines Menschen vergleichen. Dann *müßte* nämlich das Programm *gerechtfertigt* werden, *warum* die Sprache zur Beschreibung des jeweils höheren oder komplexeren Systems definitorisch auf die Sprache des jeweils niedrigeren, einfacheren Systems »reduziert« werden soll. Dieses Programm hat gerade nicht die Plausibilität, an die Naturalisten glauben, die übersehen, daß »reduzieren« eine menschliche Handlung ist und nicht ein Naturvorgang. Handlungen

haben insbesondere die Eigenart, daß man sie auch unterlassen kann!

Die Naivität des naturalistischen Kategorienfehlers liegt darin, zu übersehen, daß Biologie und Physik Wissenschaften und damit menschliche Kulturprodukte mit Geltungsansprüchen sind, während die Gegenstände dieser Wissenschaften, das Leben oder die Materie, eben gerade keine Geltungsansprüche haben. Oder simpel gesagt: *Es gibt keinen guten Grund zu erwarten*, daß die Beschreibungssprachen verschiedener Gegenstandsbereiche aufeinander reduzierbar oder auch nur zu vereinheitlichen seien. Das naturalistische Glaubensbekenntnis (auch K. Lorenz spricht nicht zufälligerweise von »glauben«), daß es *eine* Natur (und *ihre* Naturgesetze) gebe, so daß es auch nur *eine* Naturwissenschaft mit *einer* Sprache geben könne, setzt genau den Fehler fort, der schon am Beispiel der Naturalisierung der Physik durch Heinrich Hertz erörtert wurde.

Man braucht sich nur, sprachphilosophisch etwas sensibilisiert, darauf zu besinnen, daß ein Reden über Ölgemälde und ein Reden über Ölfarben zwei verschiedene Gegenstandsbereiche betreffen, um nicht auf den abwegigen Einfall zu kommen, allein mit den Redemöglichkeiten über Ölfarben alles ausschöpfen zu wollen, was verständlicher- und gültigerweise über Ölgemälde gesagt werden kann. Der gläubige Naturalist dagegen setzt immer wieder sein »ja aber« dagegen, weshalb nun die Emergenztheorien und ihre Rolle für die Naturalisierung des Informationsbegriffs zu diskutieren sind.

Das einschlägige Buch mit einem guten Überblick über die aktuellen Ansätze hat Achim Stephan vorgelegt (»Emergenz. Von der Unvorhersagbarkeit zur Selbstorganisation«, Dresden 1999). Bevor wir auf die dort präsentierte Systematisierung konkurrierender Emergenztheorien zurückgreifen, ist auf zwei Besonderheiten dieses Buches hinzuweisen.

(1) Alle Ansätze und Theorien, die hier dargestellt, analysiert und ausgewertet werden, gehen von der »uneingeschränkten Akzeptanz eines naturalistischen Ansatzes« aus (Stephan, Emergenz, S. 14). Erläutert wird, »daß alle in der Natur vorkommenden Systeme aus den gleichen basalen Bausteinen zusammengesetzt sind«, es also z. B. keine Bausteine von Lebewesen gebe, die den unbelebten Naturgegenständen fehlten. Es folgen zahlreiche Zitate von Autoritäten der Emergenzdebatte, am prägnantesten vielleicht R. W. Sellars: »It is evident

that the spirit of naturalism is identical with the spirit of science« (1926, S. 210). Naturalismus und Wissenschaftlichkeit sind also, auch für den Buchautor Stephan, identisch. Mit dem Bekenntnis zum Naturalismus erheben Emergenztheorien »ihren empirisch-wissenschaftlichen Anspruch« (15) und »grenzen sich ... vor allem von denjenigen Weltentwürfen ab, die übernatürliche Entitäten explizit zulassen, sei es als steuernde Komponenten der Organismen (Entelechien) oder generell als die Entwicklung vorantreibende Faktoren im Naturgeschehen (élan vital)«. (14)

Kurz, wer sich auf Emergenztheorien einläßt, betritt den Garten der Naturalisten und sieht von dort aus den Rest der Welt als das Terrain der Nichtwissenschaften, der Obskurantisten, der Metaphysik, der Religionen usw. Eine Begründung oder Rechtfertigung sucht der Leser vergebens. Im Selbstverständnis der Autoren muß es wohl das sozialpsychologische Gefühl der Zugehörigkeit zu einer Community von Normalsinnigen sein, die es dem Naturalisten nicht zuletzt gestattet, sich nur mit seinesgleichen und deren Theorien zu befassen. Die Frage, ob *die naturalistische Grundsatzentscheidung* ihrerseits *vernünftig* sei, ja auch nur, ob sie ohne einen quasi religiösen Glaubensakt überhaupt klar formulierbar sei, liegt außerhalb des naturalistischen Gartenzauns.

(2) Die zweite Überraschung des Emergenz-Buches von A. Stephan liegt in der Art und Weise, wie der Autor seine Fragen traktiert: Hier werden weder (in naturwissenschaftlicher Objektsprache) emergente Phänomene beschrieben und erklärt, noch werden (in wissenschaftstheoretischer Metasprache) die begrifflichen oder die methodologischen Mittel der Naturwissenschaften diskutiert. Zwar finden sich berühmte Beispiele erwähnt wie der Kohlenstoff, der in den Formen von Graphit und Diamant zwei höchst verschiedene höhere Systemeigenschaften zeigt und angeblich schon in der Chemie ein Emergenzproblem aufwirft, aber diese Beispiele werden gerade nicht besprochen und etwa darauf befragt, mit welchen Mitteln der Chemiker zum Begriff des Kohlenstoffs kommt und mit welchen Methoden er entscheidet, daß sowohl Graphit als auch Diamant Erscheinungsformen des Kohlenstoffs seien.

Gegenstand des Buches sind also nicht die emergenten Phänomene oder ihre wissenschaftliche Beschreibung, sondern Emergenz-

theorien, die ihrerseits schon (auf einer dritten Sprachebene) *über* wissenschaftstheoretische Probleme sprechen. Der Autor des Buches schwingt sich also gleichsam auf eine vierte Sprachebene, nämlich der Metasprache zur Darstellung und Diskussion *der Konkurrenz von Emergenztheorien*, was dann wie notgedrungen auf eine Art Philologie und Geschichte der Emergenztheorien hinausläuft.

Der Leser muß sich also mit einem Stil einer Analytischen Philosophie anfreunden, dem nur noch *Texte* als Gegenstände der Untersuchung würdig erscheinen und die *Auswahl* der untersuchten Texte *ganz auf den eigenen philosophischen Meinungskreis und seine Vorgeschichte* beschränkt erscheint. Es finden sich keine Anzeichen, daß dem Autor bewußt ist, auf welcher Sprachebene und in welcher Objektferne sich sein Buch bewegt. Die Einsichten des »linguistic turn«, der sprachlichen Wende der Philosophie in der zweiten Hälfte des 19. und in der ersten Hälfte des 20. Jahrhunderts sind verloren.

Dabei kann man (und sollte man) wissen, welche Scheinprobleme durch einen Aufstieg über die Wörter »emergieren«, »Emergenz«, »Emergentismus«, »Emergenztheorie«, »Typ von Emergenztheorie« entstehen können. Der rasante, aber nicht explizierte, geschweige denn reflektierte Aufstieg durch die Sprachebenen führt in jedem Schritt zu einer neuen Vergegenständlichung, die grammatisch korrekte, aber sinnleere Fragen und Antworten eröffnet (Wittgenstein hat dazu gesagt: »Hier feiert die Sprache«). Bedeutungs- und Geltungsfragen der naturwissenschaftlichen Objektsprache etwa des Biologen, der die emergenten höheren Systemleistungen aus den niedrigeren erklären möchte, sind damit aus dem Blick geraten.

Dies ist eine Form des *Redens über Naturwissenschaften*, die ihren Gegenstand nicht mehr benötigt, sondern das Spiel von Philosophen spielt, die sich ihre Probleme selbst erzeugen und erhalten. Typen von Emergenzen werden zu Gegenständen verdinglicht, die in der naturwissenschaftlichen Forschung nicht vorkommen und überhaupt nur noch von den verdinglichten Spielarten verschiedener Emergentismen her benannt werden können. Man könnte es auch drastisch sagen: Der große Appell an die Wissenschaftlichkeit im Sinne der Beschränkung auf Naturwissenschaften ist der letzte Bezug zu diesen. Die Hoffnung, Physiker, Chemiker, Biologen, Physiologen oder andere Wissenschaftler könnten aus solchen Debatten etwas zur Lösung ihrer

Probleme lernen, sind nicht berechtigt. Der spezifisch analytische Stil, nur noch bestimmte Mainstream- oder In-group-Theorien zu analysieren und gegeneinanderzuhalten, nennt sich nur noch naturalistisch, hat aber weder mit Natur noch mit Naturwissenschaft etwas zu tun.

Was ist das Ergebnis der Studie über die Konkurrenz der Emergenztheorien? A. Stephan resümiert seine Darstellung emergentistischer Ansätze in einer »Synopsis ... der logischen Beziehungen ... zwischen den einzelnen Spielarten des Emergentismus«. Darin wird ausgehend von einem »schwachen Emergentismus« durch isolierte oder kombinierte Hinzunahme von Verschärfungen wie »Irreduzibilität« oder »Neuartigkeit« schließlich ein »synchroner« von einem »diachronen Emergentismus« unterschieden (S. 71). (»Irreduzibel« heißt eine Systemeigenschaft, wenn sie nicht auf Eigenschaften ihrer Komponenten zurückgeführt werden kann. »Neuartig« heißt eine Systemeigenschaft, wenn sich neue Strukturen und neue Funktionen in Systemen ausbilden, die so bei ihren Komponenten oder Vorstufen nicht vorliegen. Die Unterscheidung von synchron und diachron meint die gleichzeitig bzw. nacheinander vorliegenden Unterschiede niedrigerer und höherer Systemeigenschaften.) Die Verschärfung von Emergentismen führt bis zu einer Position des »starken diachronen Strukturemergentismus« – eine fiktive Position, die sich aus der logischen Vollständigkeit des Einteilungsschemas von Stephan ergibt, aber »kein Pendant in der zeitgenössischen Debatte« hat. (Dies ist keineswegs verwunderlich, weil hier, offenbar von Stephan unbemerkt, ein Widerspruch zur naturalistischen Prämisse des gesamten Einteilungsschemas entstehen würde, so daß ein Vertreter dieser Auffassung im Rahmen naturalistischer Emergenztheorien in der Tat schlechte Karten hätte.)

Nun soll hier nicht wiederum eine Philologie des Buches der Philologie von Emergenztheorien getrieben werden. Statt dessen sollen die *verschiedenen Typen emergenter Phänomene in methodischer Reihenfolge* dargestellt werden. Diese Darstellung profitiert durchaus von den Ergebnissen von A. Stephan.

Trivialerweise ist die Rede von emergenten Eigenschaften *eine Rede*. Das heißt, das Wort »emergent« wird auf »Eigenschaften« oder »Phänomene« angewandt, die ihrerseits sprachlich beschrieben sein müssen. Bei Emergenzen handelt es sich also *immer um Relationen zwischen verschiedenen Beschreibungen desselben Referenzobjekts*. Es muß immer das jeweils »höchste«

oder »komplexeste« durch Emergenz entstandene System als Referenzobjekt zugrunde gelegt werden, von dem aus die Frage seiner (synchronen) Erklärung aus Komponenten oder (diachronen) Entstehung aus Vorläufern überhaupt aufgeworfen und dann diskutiert wird.

Klärungspflichtig bleibt dabei, (1) um welche Referenzobjekte es genau sich handelt (die auch zeitliche Entwicklungen sein können), (2) worin die semantische Adäquatheit und die Geltung der Beschreibungen der Referenzobjekte bestehen und wie sie ausgewiesen werden und (3) in welcher Relation genau die beiden Beschreibungen stehen, von denen gesagt wird, die eine betreffe relativ zur anderen »emergente« Eigenschaften oder Phänomene.

Der Leser wird unschwer erkennen, wie ähnlich die hier aufgeworfenen Fragen den bisher diskutierten sind: Wonach entscheidet sich, ob *die Beschreibungen* von Tönen und Melodien, von Zahnrädern und Uhren, von Farben und Ölgemälden, von Rechenmaschinen und Rechenleistungen, von Telefonen und Telefonaten usw. diesen *angemessen* sind im Hinblick auf die Frage, *wie sie jeweils zusammenhängen*? Wieder einmal taucht am Horizont das philosophische Dogma auf, es könnten nur logisch definitorische Beziehungen oder nur kausale Erklärungen im Sinne physikalischer Methoden sein, die solche Zusammenhänge stiften. Und wieder einmal fehlt in dieser philosophischen, heute auf den Naturalismus fixierten Tradition, daß all dies sich *in Sprache abspielt* und *von Menschen gemacht*, also an eine *Ordnung des Handelns* gebunden ist. Die Frage, ob nicht der rational handelnde Mensch als Quelle der hier betrachteten Probleme den Blick auf *Zwecke und Mittel* nahelegt und ob nicht *die Zweck-Mittel-Rationalität*, ohne die kein Laborforscher mit seiner Technik auskommt, zur Wissenschaftlichkeit zu rechnen sei, bleibt erneut zu stellen. Hier zeigt sich: wenig hat *der Naturalismus* mit naturwissenschaftlicher Rationalität zu tun, viel aber mit deren logisch-empiristischem Mißverständnis.

Da also die Rede von emergenten Eigenschaften eine Rede ist und da es dabei um Verhältnisse zwischen zutreffenden Beschreibungen gehen soll, empfiehlt sich zu bedenken, daß deren Gegenstände gerade *nicht natürlich belassene* Naturphänomene sind. Sie sind vielmehr Gegenstände naturwissenschaftlicher Untersuchungen, denen man nur mit den adäquaten Modellen der Naturwissenschaftler beizukommen versuchen kann. Mit anderen Worten, es geht bei der Typisierung von Emergenzen um *Verhältnisse zwischen Modellen.* Modelle sind allemal von Menschen gebildete Modelle. Es geht also um Zwecke und Leistungsfähigkeiten von Modellbildungen im Vergleich zwischen den verschiedenen Systemebenen. Deshalb sollen hier der Klarheit wegen zunächst ausschließlich technisch-künstliche Beispiele herangezogen werden. Erst wenn diese klar sind, können sie dazu dienen, auf naturwissenschaftliche Fragen angewandt und dann auf Naturgegenstände, die als solche nicht vom Menschen hergestellt sind, übertragen werden. Erst auf diesem Weg kann gezeigt werden, was es heißt, emergenztheoretisch eine naiv vorgefundene Natur adäquat naturwissenschaftlich zu beschreiben und zu erklären.

Mit »synchroner Emergenz« ist die Relation zwischen gleichzeitig an ein und demselben Objekt (auf verschiedenen Systemebenen) beschreibbaren Verhältnissen gemeint. Mit der Unterscheidung von »schwacher« und »starker Emergenz« soll der Unterschied von umkehrbarer und nicht umkehrbarer Reduktion bezeichnet werden, die ihrerseits wieder nach »logisch-definitorisch« oder »kausal« und damit empirisch unterschieden werden. Damit ergibt sich folgendes Einteilungsschema:

- (1) synchron emergent
  - (1.1) schwach synchron emergent
    - (1.1.1) logisch-definitorisch
    - (1.1.2) kausal
  - (1.2) stark synchron emergent
    - (1.2.1) logisch-definitorisch
    - (1.2.2) kausal
- (2) diachron emergent

Im Bereich der technischen Produkte genügen erstaunlich einfache Beispiele, um diese letztlich vier unterschiedenen Typen zu erläutern:

Zu (1.1.1): Gegeben seien zwei zueinander passende, ineinandergreifende Zahnräder (z. B. mit dem Umfangsverhältnis von 1:3). Dann ist es eine »logisch-definitorisch schwach synchron emergente Eigenschaft« der beiden Zahnräder, ein *Getriebe* zu bilden. (Keines der beiden Zahnräder allein ist ein Getriebe. Die höhere Systemeigenschaft, ein Getriebe zu sein, kommt erst durch den logisch-definitorischen Zusammenhang zustande, daß sie entsprechend zueinander angeordnet sind.)

Zu (1.1.2): Das Getriebe ist eine *Maschine zur Umwandlung von Kraft*. Die Leistung des Getriebes, eine Übersetzung im Verhältnis 1:3 bzw. eine Untersetzung im Verhältnis von 3:1 nach dem Hebelgesetz (»Kraft × Kraftarm = Last × Lastarm«) bzw. nach dem Erhaltungssatz, wonach an einer (reibungsfreien) mechanischen Maschine Arbeit weder gewonnen noch verloren wird, ist eine »kausal schwach synchron emergente Eigenschaft« des Getriebes.

Die beiden Fälle (1.1.1) und (1.1.2) erfüllen die Bedingung der »schwachen« synchronen Emergenz, daß (1) die jeweils höheren Eigenschaften, ein Getriebe zu sein oder eine Über-/Untersetzung zu leisten, auf die *Beschreibung* der Zahnräder zurückgeführt (»Reduktion«) bzw. aus ihnen gewonnen (»Umkehrung der Reduktion«) werden können.

Die Verschärfung von der schwachen zur starken Emergenz solle durch »Irreduzibilität« erreicht werden. Auch dies läßt sich an den beiden Zahnrädern exemplifizieren. Dazu werden sie nicht als Getriebe oder als Leistung des Getriebes (Kraftmaschine zur Über- oder Untersetzung) betrachtet, sondern als einfachstmögliche Form der Rechenmaschine. Durch Zählen der Umdrehungen der beiden Räder relativ zur Verbindungsgeraden ihrer Achsen lassen sich Multiplikationen mit dem Faktor 3 bzw. Divisionen mit dem Divisor 3 durchführen.

Zu (1.2.1): Unsere *Multiplikations- und Divisionsmaschine* ist relativ zu ihren Komponenten »logisch-definitiorisch stark synchron emergent«. Die Leistung der Rechenmaschine ist nämlich logisch-definitorisch irreduzibel in dem Sinne, daß es bei Rechenmaschinen ja nicht um die Produktion irgendwelcher, sondern *richtiger* oder *wahrer Rechenergebnisse* geht. Wir haben hier damit wieder die einfachstmögliche Form eines Körper-Geist-Problems vor uns: Aus der geometrischen Beschreibung des Getriebes bzw. der arithmetischen Aussage über Anzahlen abgelaufener Umdrehungen folgt beim besten Willen nicht, daß z. B. »3 × 7 = 21« *wahr* ist. Mit anderen Worten, die *arithmetische Leistung der Maschine*, *gültige* Input-Output-Relationen zu produzieren, ist gegenüber den Leistungen der einzelnen Zahnräder emergent, ohne sich logisch oder definitorisch auf diese reduzieren zu lassen.

Zu (1.2.2): In physikalischer (also kausaler) Beschreibung stellt unsere schlichte Rechenmaschine ein System dar, in dem sich die Bewegung eines der Zahnräder durch eine von außen angreifende Kraft auf das andere Zahnrad überträgt. Dieser kausale Nexus ist verantwortlich für das *tatsächliche* Rechenergebnis in der jeweiligen Anwendungssituation. *Bedingung* für *richtige* Rechenresultate ist dabei die *Ungestörtheit der Maschine*. Wären z. B. die Zahnräder nicht ideal (das heißt, wenigstens – relativ zum Ideal – hinreichend) starr, sondern hätten als reale Körper Eigenschaften, wie man sie sich etwa an Gelee oder an wassergefüllten Plastikbeuteln vorstellen könnte, so würde sich z. B. ein relevanter Unterschied ergeben je nachdem, ob und wie schnell das kleine das große oder das große das kleine Zahnrad antreibt – mit verschiedenen daraus resultierenden Rechenfehlern. Daraus folgt, daß trotz der kausalen Geschlossenheit des Systems die Leistung einer gut funktionierenden mechanischen Rechenmaschine nicht kausal aus den Eigenschaften ihrer Teile erklärt werden kann. Keines der hier einschlägigen Kausalgesetze würde durch die exemplarisch genannten Störungen falsifiziert. Wenn aber Störungen, definiert durch falsche Rechenergebnisse, keine Kausalgesetze über die Deformationen weicher Zahnräder falsifizieren (sondern nur einen Zweck verfehlen), implizieren im Umkehrschluß auch die Kausalgesetze keine richtigen Ergebnisse. (Der Leser kennt dieses Argument bereits aus der Diskussion des Taschenrechners.)

Der Übergang von den synchron zu diachron emergenten Verhältnissen verdankt sich keiner anderen Qualität als derjenigen, das synchrone Modell statt auf Dinge auf Vorgänge anzuwenden. Aus den stark, d. h. irreduzibel klassifizierten *gleichzeitigen* höheren Systemeigenschaften werden dann die *späteren* gegenüber den *früheren* Eigenschaften in den Systemkomponenten. Die bereits vor 50 Jahren in der logisch-empiristischen Wissenschaftstheorie diskutierte Symmetrie von Erklärung und Vorhersage ist auch schon das ganze Geheimnis dieses Übergangs von der synchronen zur diachronen Betrachtung. Die »prinzipielle Unvorhersagbarkeit« einer später auftauchenden, emergenten Qualität, die früher am Referenzobjekt nicht vorhanden war, entspricht dem Fehlen entweder des logisch-definitorischen oder des kausalen Zusammenhanges zwischen den zwei Beschreibungen im stark synchronen Falle.

Auch die *diachron* schwach emergenten Verhältnisse lassen sich auf die schwach *synchronen* zurückführen: Im logisch-definitorischen Falle folgt die Beschreibung des späteren Zustandes logisch oder definitorisch aus der des früheren *und* einer Definition bzw. einem allgemeinen Satz (etwa über das Verhältnis der relativen Drehgeschwindigkeiten der beiden Zahnräder). Im Falle der Kausalerklärungen ergeben sich im schwach synchronen Falle die späteren Verhältnisse aus den früheren zusammen mit einem Kausalgesetz.

Zu den komplizierten Erörterungen verschiedener Emergenztheorien bei Stephan ist angesichts der hier vorliegenden einfachen Beispiele Verblüffungsresistenz verlangt. Es ist der systemtheoretische Formalismus, der die sonderbar geschraubte Terminologie von Entitäten, Eigenschaften, Systemen, Instantiierungen, Determiniertheiten, Irreduzibilitäten usw. nach sich zieht. Das eingangs bemerkte Aufsteigen auf wenigstens die vierte Sprachebene über den naturwissenschaftlichen Gegenständen ist dafür verantwortlich. Und das Mittel, das hierfür eingesetzt wird, ist die fortgesetzte Versubstantivierung und Vergegenständlichung von Relationen, die für sich durch nichts anderes als durch die je gewählten Beschreibungen etabliert werden. Kurz, das Mißverhältnis zwischen der Kompliziertheit der propagierten Emergenztheorien und der entpuppten Schlichtheit ihres Gehalts liegt an mangelnder Reflexion der sprachlichen Mittel, mit denen die emergenztheoretischen Überlegungen einherstelzen.

Auch die Plausibilität, wonach die Unvorhersagbarkeit künftiger Verhältnisse in eine prinzipielle und eine mangels Wissen eingeteilt werden kann, ist nur eine scheinbare. Dieser Schein wird nicht dadurch behoben, daß mangelndes Wissen noch einmal als fehlende Datenbasis oder mangelnde Kenntnisse von Verlaufsgesetzen charakterisiert wird. Typen von Unvorhersagbarkeit sind allemal im ersten Schritt nicht an Eigenschaften von Objekten zu klären, um die es geht, sondern an der Frage, was Vorhersagen verschiedenen Typs erkenntnistheoretisch und methodologisch sind. Mit anderen Worten, hier wird ein Anschein von philosophischen Problemen erzeugt, der sich dem Einsatz sprachlich ungeklärter Umschreibungen verdankt. Diese werden im Blick auf einen naiven Zugriff auf den Beschreibungsgegenstand formuliert, statt die Beschreibungsmittel wissenschafts- und erkenntnistheoretisch zu reflektieren.

Damit läßt sich auch das angeblich verbliebene Hauptproblem der emergenztheoretischen Betrachtung im Bereich der Analytischen Philosophie des Geistes erklären. Wie soll es eine »downword causation« (eine »Verursachung nach unten«) geben? Im Beispiel: Wie sollen die mentalen Leistungen des Menschen, die aus seinen physischen emergieren, auf diese zurückwirken können, wenn zusätzlich Irreduzibilitätsannahmen gemacht werden? Aber ist nicht das Prinzip der kausalen Geschlossenheit der Natur schon verletzt, wenn ein Mensch einen Stein wirft?

Hier verlassen wir die Debatte der Emergenztheorien mit Blickrichtung auf die Analytische Philosophie des Geistes, um auf die Naturalisierung des Informationsbegriffs zurückzukommen. Was zeigen die Emergenztheorien für das Kernproblem, ob Information ein Naturgegenstand sei und, da er als ein solcher immer nur syntaktisch charakterisiert wurde, *wie aus den technischen Modellen der syntaktisch-strukturellen Systeme Bedeutung und Geltung sprachlicher Kommunikate emergieren können?* Die Antwort ist offensichtlich – und offensichtlich: nichts. Die gesamte Konstruktion des Emergenzbegriffs in allen ihren Formen und Spezifikationen erweist sich als ungelöstes Problem der methodischen Reihenfolge. Bedenkt man den Erzeugnischarakter sowohl der Gegenstände als auch der Rede von den Gegenständen, um deren (»emergente«) Verhältnisse es geht, zeigen alle, und zwar ausnahmslos alle Beispiele, daß der Anfang immer bei den höheren, vermeintlich emergenten Gegenständen liegt und nicht bei den »basalen«, »elementaren« oder »niedrigen« Systemen, Komponenten oder Eigenschaften. Es ist schlicht und einfach die philosophische Verweigerung der involvierten Philosophien, etwas anderes zu tun, als Ergebnisse (in Form von sprachlich-syntaktischen Gegenständen, von Texten) zu analysieren, statt sich den Verfahren des Erzeugens, den Gründen und Zielen und nicht zuletzt den Unterschieden von erfolgreichen und erfolglosen Versuchen zuzuwenden.

Was schon im vorangegangenen Abschnitt über Systemtheorien zu lernen war und was die Erfindung, Herstellung und Benützung von Rechenmaschinen jeder Komplexität und Funktionsweise zeigt, ist der methodische Primat des Komplexen vor dem Einfachen, des Zwecks vor dem Mittel, des Herbeiführens von Funktionen vor dem Nützen von Funktionen, der technischen Modelle vor der Beschreibung des Natürlichen. Kurz, die Emergenztheorien leisten keinen Beitrag dazu, der Naturalisierung der Information eine glückliche Fortsetzung zu erlauben, nämlich eine glückliche Fortsetzung von einem Naturgegenstand Information in höheren und hohen Kommunikationsleistungen eines Alltagsgesprächs zwischen Personen oder gar eines wissenschaftlichen, eines dichterischen oder eines philosophischen Textes. Deshalb drängt sich die Frage auf, ob denn nicht außerhalb der hier offensichtlich *hermetisch bleibenden Tradition* von Verständnissen der Welt, des Menschen und der Wissenschaften andere Sichtweisen für Alternativen gesorgt hätten. Wie steht es denn mit den *Geisteswissenschaften*? Ist denn nicht die sich selbst als Alternative verstehende Hermeneutik (im weitesten Sinne geisteswissenschaftlicher Spielarten) eine Tradition, die vor den naturalistischen Fehlschlüssen bewahrt hätte? Immerhin läßt ja die Opposition von Geistes- und einem Teil der Kulturwissenschaften sowie einem Teil der Philosophien gegen die Naturalisierung des Menschen, seiner Sprache und seiner Geschichte eine solche Erwartung aufkommen. Deshalb wenden wir uns jetzt diesen zu.

Defizite der Hermeneutik in der Theorie des Mentalen

Der ganze bisherige Durchgang durch die Vorgeschichte und die Formen der Legende »Information ist ein Naturgegenstand« bezog sich auf die Fächer Mathematik, Physik bzw. die Naturwissenschaften insgesamt sowie die Technikwissenschaften. Auf philosophischer Seite kamen Schulen, Richtungen und Auffassungen zur Sprache, die sich historisch am Erfolg und an den Methodenidealen der mathematischen Naturwissenschaften als Vorbildern orientieren. Schließlich wurden beim Körper-Geist-Problem Auffassungen berührt, die ein Bekenntnis zum Naturalismus ohne Begründung als primäre Grundsatzentscheidung getroffen haben und deshalb selbst in der Philosophie des Geistes kaum eine kritische Einstellung zu den Naturwissenschaften vom Menschen gewinnen können, von denen sie ihre Anregungen und Probleme nehmen – wie aktuell in der Determinismus-Debatte der Neurowissenschaften zu sehen ist. Wo bleiben da die Geisteswissenschaften?

Versteht man hier »Geisteswissenschaften« nicht als die Restklasse neben den mathematischen Naturwissenschaften, wie dies einem gerade bei Naturwissenschaftlern häufig anzutreffenden Sprachgebrauch entspricht, sondern im engeren Sinne als text- und handlungsverstehende Wissenschaften, so liegt es auf der Hand, von diesen einen anderen Informationsbegriff zu erwarten. Wo die Natur- und Technikwissenschaften, ihren Methodenidealen entsprechend, die *Universalität* ihres Gegenstandsbereiches, die *Gesetzesartigkeit* ihrer Ergebnisse und die *Kausalerklärung* als ihr Mittel ansehen, betonen die Geisteswissenschaften die *Individualität* ihrer Gegenstände, die *Historizität* ihrer Ergebnisse und das *Verstehen* als ihr Mittel.

Insbesondere dort, wo explizit der Mensch wissenschaftlich erforscht wird, sehen die Naturwissenschaften die Spezies, den Typus, die Funktion des organismischen Systems und die natürlichen Aspekte des Lebensvollzugs wie Nahrung, Paarung und Evolution. Die Geisteswissenschaften dagegen fixieren das Individuum, die Person, die eine Biographie hat, die ihrerseits in einer kulturhistorischen Situation spielt, und stellen die geistige und seelische Verfassung des Menschen mit Selbstbewußtsein, Intentionalität, Sprach- und Handlungsverstehen in einen kultürlichen Zusammenhang. Auf das gröbste vereinfacht könnte man sagen, die Naturwissenschaften vom Menschen sind *materialistisch*, die Geisteswissenschaften vom Menschen *mentalistisch*. Müßte da nicht von einer mentalistischen Geisteswissenschaft verlangt werden, eine Alternative zum naturalisierten Informationsbegriff zu entwickeln? Ist nicht insbesondere die hermeneutische Tradition gefordert, in ihrem Kerngegenstand des Verstehens einen Ansatzpunkt für eine solche Alternative zu finden?

Nun lehrt die Geschichte der Reflexion auf die Wissenschaften und insbesondere auf die Unterscheidung von Natur- und Geisteswissenschaften eine gewisse Vorsicht mit solchen Klassifikationen. Zwei Beispiele mögen belegen, daß eine solche Vorsicht gut begründet ist.

Berühmt geworden ist die These des Neukantianers Wilhelm Windelband, der in seiner Straßburger Rektoratsrede (1894) die Naturwissenschaften als »nomothetisch« (d.h. gesetzesbehauptend) und die Geisteswissenschaften als »ideographisch« (d.h. das einzelne beschreibend) kennzeichnete. Vereinfacht gesagt, die Naturwissenschaften würden zur Formulierung von Naturgesetzen kommen, die Geisteswissenschaften aber zur Beschreibung von je einzelnen Personen, Situationen oder Geschehnissen. Aber diese Einteilung ist ersichtlich auf beiden Seiten falsch: Heute weiß bereits jeder Laie, daß Naturwissenschaften auch das einzelne untersuchen und beschreiben, und zwar nicht nur unter dem Aspekt sozusagen des einzelnen Beispielfalles für etwas Universelles, Gesetzesartiges. Wenn etwa die Geschichte der Erde geschrieben wird – man denke an die Theorie der Kontinentalverschiebung von Alfred L. Wegener (»Die Entstehung der Kontinente und Ozeane«, 1915), so findet sich dort eine naturwissenschaftliche Erklärung der Entstehung der Kontinente, die an der Form der sogenannten Kontinentalsockel z. B. an der Ostseite von Südamerika und an der Westseite von Afrika überprüft werden kann. Auch wenn es im Weltall nicht einen einzigen Planeten geben sollte, auf dem sich Vergleichbares vollzogen hat, ist Wegeners Theorie eine solche über etwas einzelnes und gleichwohl eine naturwissenschaftliche und als gültig ausgewiesene Theorie. Auch Theorien über das Aussterben der Dinosaurier, über die Entstehung unseres Sonnensystems oder über die Entwicklung des Ozonlochs sind im Windelbandschen Sinne durchaus ideographisch.

Umgekehrt ist nicht auszuschließen, daß die Geisteswissenschaften nomothetisch verfahren können, etwa wenn sie von Literaturgattungen sprechen, Regularitäten in der politischen Geschichte behaupten oder gesetzesmäßige Zusammenhänge z. B. von Produktivität und Geldwert in Volkswirtschaften ergründen. Das Beispiel lehrt also, daß eine allzu einfache Klassifizierung – Windelband zieht eigentlich nur den Gegensatz von individuell und universell heran – riskant ist.

Ein anderes, im öffentlichen Bewußtsein noch weiter verbreitetes Einteilungsschema bietet die Rede von den »zwei Kulturen«, die sich auf den englischen Buchautor C. P. Snow bezieht. Man darf vermuten, daß dieses Schlagwort für einen angeblich unüberbrückbaren Gegensatz zwischen Natur- und Geisteswissenschaften häufiger zitiert wird, als das dünne Buch von Snow gelesen wurde. Es handelt sich dabei nämlich eher um eine liebenswürdige Schilderung unterschiedlicher Lebens- und Forschungsstile durch einen älteren, selbst aus den Naturwissenschaften stammenden englischen Gentleman denn um eine Analyse, die auf irgendeinem Gebiet (Wissenschaftstheorie, Sprachphilosophie, Wissenschaftsgeschichte, Wissenschaftssoziologie) sorgfältig argumentieren würde. Dennoch ist das Schlagwort von den zwei Kulturen durchaus wirkmächtig. Es haben sich nämlich im Gefolge dieser Unterscheidung zumindest Selbstverständnisse bezüglich der jeweils favorisierten Stile ausgebildet.

Einen eindrucksvollen Beleg liefern die beiden Bücher »Bildung. Alles, was man wissen muß« von Dietrich Schwanitz (1974) und »Die andere Bildung. Was man von den Naturwissenschaften wissen sollte« von Ernst Peter Fischer (2001). Während das erste einen Kanon des historisch-literarischen Wissens bietet, reagiert das zweite Buch darauf mit einer Wissenschaftsgeschichte der Naturwissenschaften. Beide Bücher nehmen kurz, aber prinzipiell zur Gegenüberstellung der beiden Bildungs- und Kulturenbegriffe Stellung. Schwanitz spricht, mit Rückgriff auf den erwähnten C. P. Snow, von den zwei Kulturen als »literarisch-humanistischer Kultur der klassischen Bildung einerseits und der technisch-naturwissenschaftlichen Kultur andererseits«. Aber der Appell von Snow habe in Deutschland »so gut wie gar nichts bewirkt« (482). Deshalb sieht sich Schwanitz gezwungen zu behaupten: »So bedauerlich es manchem erscheinen mag: naturwissenschaftliche Kenntnisse müssen zwar nicht versteckt werden, aber zur Bildung gehören sie nicht.« Fischer dagegen möchte seine Leser »in die Naturwissenschaften einführen«, die deren »auf die menschlichen Lebensverhältnisse bezogenen Sinn« erkennen wollen und können. Fischer kritisiert, daß »viele deutsche Geistesgrößen ... sich häufig weder gedanklich noch sprachlich Mühe (geben), wenn sie auf die Naturwissenschaften eingehen.« Er hält dies für ein spezifisch deutsches Phänomen. »Naturwissenschaft und Bildung gehören in Deutschland nicht unbedingt zusammen.«

Die beiden Bücher setzen gewissermaßen das oberflächliche Programm von Snow in handfeste Inhalte um. Sie *verschärfen und vertiefen* aber, trotz der gegen diesen Effekt gerichteten Intention zumindest des zweiten, reagierenden Buches von Fischer, *die Konfrontation von Natur- und Geisteswissenschaften.* Allenfalls auf einer sehr allgemeinen Ebene, die ja auch durch die faktische Koexistenz der Wissenschaften an der Universität wenigstens institutionell gegeben ist, wird ihre Einheit behauptet oder wenigstens zugelassen. Was dagegen nicht auftaucht, ist ein konkreter Vorschlag für eine fruchtbare Kooperation, wie sie hier in diesem Buch in der Überwindung des Irrtums empfohlen wird, in der Information einen Naturgegenstand zu sehen (und gleichwohl erfolgreich mit dem Informationsbegriff in Technik- und Naturwissenschaften zu arbeiten).

Nach diesen Warnungen vor einer allzu einfachen Einteilung der Wissenschaften darf die Frage wiederholt werden, warum die *hermeneutische* und damit vom Ziel her explizit *sprachverstehende Tradition* sich nicht gegen den nur syntaktischen, materialistisch und kausalistisch interpretierten Informationsbegriff gewandt hat. Sichtbar wird dies insbesondere auf dem Feld der neu entstandenen Medienwissenschaften und ihrer Philosophie. Auch dort schließt man sich, von wenigen Ausnahmen abgesehen, einem Verständnis von Information und Kommunikation, von Natur und Technik im wesentlichen nach den Vorgaben aus den Naturwissenschaften an. Und die Tradition der »Analytischen Philosophie des Geistes«, die eine breite Debatte über spezifische Strukturen des Menschlichen führt (anhand von Themen wie Selbstbewußtsein, Intentionalität, Qualia und anderen), kann sich nicht aufschwingen zu einer Reflexion auf die stillschweigend in die Ansätze investierten Prämissen, die den oben besprochenen Traditionen einer Semiotik à la Charles Morris oder eines Naturwissenschaftsverständnisses im Sinne des Wiener Kreises entspricht.

Ein Blick auf die Geschichte der Hermeneutik zeigt, daß sie als eine Kunst des Auslegens von Texten immer an *klar angebbaren Zwecken* orientiert war. Da in der Antike die Dichtkunst (Poetik) als eine Technik (Kunst) einen Gegensatz zu Wissenschaft, Politik und Ethik bildete und in deren Dienst treten sollte, stand auch die Interpretation der Dichter im Dienst moralischer und politischer Vervollkommnung der Person. Mit dem auf eine Heilige Schrift fixierten Christentum gewann die Hermeneutik eigene neue Aufgaben: Nachdem sich das Alte Testament nur an das Volk der Juden richtete, das Neue Testament aber an die Menschheit insgesamt, waren Lesarten zu finden, die eine angemessene Kohärenz und Konsistenz der heiligen Schriften erkennen ließen. Im Anschluß an Origenes empfiehlt der Kirchenvater Augustinus deshalb drei Sorten des Interpretierens, nämlich eine buchstäbliche im Sinne einer historisch-grammatischen Analyse, eine psychische im Sinne einer moralisch relevanten Interpretation und eine pneumatische oder geistliche, der es um den allegorisch-mystischen Sinn der Heiligen Schrift geht. Luther führt ein Schriftlichkeitsprinzip ein, das den Bibelleser wörtlich auf das Wort Gottes verpflichtet, und erst der Beginn der Neuzeit führt auf das Problem, philosophische (und darunter naturwissenschaftliche) Texte nach Maßgabe der Vernunft zu interpretieren. Nachdem die biblischen Texte (etwa unter dem Einfluß Friedrich Schleiermachers) konsequent historisiert, d. h. als Produkte menschlicher Schriftsteller gesehen wurden, entwickelte sich in der Hermeneutik des 20. Jahrhunderts eine Auslegungskunst, in die verschiedene Hintergrundphilosophien einflossen.

Das Interpretieren von Texten und das Verstehen von Rede verlor seine Orientierung am zweckrationalen Handeln und an angebbaren Zielen aus dem Blick.
Geblieben ist dagegen über alle historischen Entwicklungen hinweg ein Einfluß aus der antiken Philosophie, den man plakativ das *Banausen-Verdikt* nennen könnte. Platon hatte in seinem »Staat« den Handwerkern (griechisch: »Demiurgos«, »Banausos«) nur denselben Status wie den Sklaven und den Frauen zugebilligt, also nicht den des »Polites« (des freien Bürgers). Das typisch Banausische, dann in der »Nikomachischen Ethik« von Aristoteles explizit erklärt, besteht in der Zweckrationalität des (»poietischen«) Herstellungshandelns. Wenn ein Schreiner einen Tisch oder ein Bett produziert, tut er dies nicht im Sinne einer Muße- oder Selbstzweckhandlung, sondern wegen des Nutzens von Tisch und Bett. Auch die Poetik war, wie oben erwähnt, keine »Theorie« im Sinne eines wissenschaftlichen, durch distanziertes Anschauen und Reflektieren gewonnenen Wissens, sondern eine Technik, ein Können.
Es war insbesondere die deutschsprachige Philosophie, welche die Geringschätzung von Zweckrationalität und Technik (»Banausenverbot«) mit einem psychologisch-emotionalen Verstehens- oder Einfühlungsgebot verband und damit die Hermeneutik gänzlich einer Betrachtungsweise entzog, wie sie dem an experimenteller Erfahrung geschulten Naturwissenschaftler zumindest stilistisch nahelag. Während eine Operationalisierung von Grundbegriffen in den Naturwissenschaften wenigstens de facto unvermeidlich ist (wenn sich auch andere Philosophien vor allem formalistischer Provenienz dazu entwickelt haben), so ist dem traditionellen Geisteswissenschaftler deutscher Sprache eine Operationalisierung von Grundbegriffen eine zutiefst fremde Vorstellung.
Der nachrichtentechnische Zugang zum Informationsbegriff über die Kanalkapazität ist selbstverständlich (für die Aspekte der Strukturerhaltung von übertragenen Signalen) eine höchst erfolgreich Operationalisierung. Man kann auch die Anwendungen des Informationsbegriffs in den Natur- und Technikwissenschaften immer aufs engste mit Operationalisierungen in Verbindung bringen. Aber die klassisch geisteswissenschaftlichen Aspekte der Person wie Selbstbewußtsein, Intentionalität, Sprachverstehen oder Ich-Perspektive waren keine Gegenstände von Definitionsbemühungen in den Geisteswissenschaften, denen

eine Art von Operationalisierung zumindest im Sinne eines Bezugs auf das tägliche Leben entsprach.

Damit ergibt sich – bei zugestandener Pauschalität dieses Urteils – eine gewisse Parallele von Natur- und Geisteswissenschaften hinsichtlich der Sorgfalt gegenüber den jeweils *eigenen* Grundbegriffen. Der Materialist definiert sowenig, was Materie ist, wie der Mentalist »Geist« definiert. Der Empirist, der aus dem Experiment Kausalerklärungen gewinnt und in Naturgesetzen formuliert, definiert oder rechtfertigt das Kausalprinzip, die experimentelle Methode oder die Gesetzesartigkeit der Naturgesetze sowenig, wie der Hermeneut seine methodologischen Grundbegriffe wie »verstehen«, »einfühlen« oder die Grundbegriffe wie »Selbstbewußtein«, »Intentionalität«, »Ich-Perspektive« usw. explizit definiert. In beiden Fällen wird unterstellt, die jeweiligen Fachleute wüßten schon, wovon die Rede sei.

Genau dieser Stil findet sich auch in der aus anderen Traditionen stammenden Analytischen Philosophie des Geistes, die – man vergleiche das oben besprochene analytische Vorgehen im Falle der Emergenztheorien – immer schon Prinzipien als anerkannt und Verständnisse als gegeben unterstellt. Auch dort werden, bei aller aktuellen Bemühung der Naturalisierung von Selbstbewußtsein, Intentionalität und Ich-Perspektive, keine Operationalisierungen gesucht oder geleistet. Zwar finden sich hier keine Gründe, dem griechisch-antiken Banausenverbot einen Einfluß auf die Analytische Philosophie des Geistes einzuräumen. Man kann also höchstens sagen, es sei, als ob Zweckrationalität und Operationalisierung in der Analytischen Philosophie verboten wären – warum auch immer. Höchstens läßt sich feststellen, daß die Traditionen, aus denen sich die Analytische Philosophie des Geistes speist, *das menschliche Handeln* als Quelle der Wissenschaften und der Philosophie insgesamt *ignorieren* (indem sie auch das Handeln naturalisierten), daß es also an einer pragmatischen und erkenntnistheoretischen Wende der Analytischen Philosophie des Geistes fehlt. Insofern kann von einem Versagen der Hermeneutik durch mangelnde Operationalisierung sowohl für die traditionellen, insbesondere deutschsprachigen Geisteswissenschaften als auch für die Analytische Philosophie des Geistes gesprochen werden. Die Mentalisten haben wenig Grund, die Materialisten erkenntnistheoretisch oder sprachphilosophisch zu kritisieren.

5 Methodische Reparaturen

Die hier geübte Kritik an der Naturalisierung der Information betrifft, wie mehrfach betont, weniger die einschlägigen Wissenschaften als vielmehr deren Begleitphilosophien. Es ist keine fachwissenschaftliche Frage, »was Information ist«, die auf der Sprachebene der fachwissenschaftlichen Inhalte und Gegenstände zu verhandeln wäre. Sie stellt sich unter Umständen auf der metasprachlichen Ebene, in der *über* fachwissenschaftliche Aussagen und Ergebnisse gehandelt wird. Bei genauerer Betrachtung gehen aber in die Einschätzung des Informationsbegriffs außer den objektsprachlichen Aussagen der Fachwissenschaften auch deren metasprachliche Festlegungen ein, in denen z. B. ein bestimmter Satz als Definition, ein anderer als Prinzip und wieder ein anderer als empirisches Ergebnis bezeichnet wird. Also muß sich die Frage »Was ist Information?« auf eine dritte Sprachebene des Philosophierens über Objekt- und Metasprache der Informationstheorie verschieben. Leider werden aber diese Debatten nicht mit der Sorgfalt geführt, daß solche Zugehörigkeiten zu Sprachebenen und die damit verbundenen Geltungskriterien bedacht werden oder auch nur erkennbar blieben. Begleitphilosophien von Wissenschaften haben es bedauerlicherweise an sich, daß dort im Sinne eines eher undisziplinierten monologischen Drauflosredens »philosophiert« wird.
Wo um den Informationsbegriff gestritten wird – was natürlicherweise zwischen Vertretern verschiedener Auffassungen geschieht, die für ihre jeweilige Begleitphilosophie streiten –, werden die dabei vorgetragenen Selbstverständnisse von Wissenschaften und Wissenschaftlern gerne als geradezu zwangsläufige *Folgerungen* aus den respektablen Ergebnissen der Fachwissenschaften vorgestellt. Auf diesem Weg beanspruchen sie, selbst den wissenschaftlichen Rang fachwissenschaftlicher Ergebnisse zu haben und etwa von emotiven Färbungen unbelastet zu sein, die Selbstverständnissen nun einmal zu eigen sind. Da sich aber meistens leicht nachweisen läßt (und in den vorstehenden Kapiteln an wichtigen Fällen nachgewiesen wurde), daß die Begleitphilosophien zum Naturalismus der Information gerade nicht aus fachwissenschaftlichen Ergebnissen zu gewinnen sind, ist eher davon auszugehen, daß solche populärphilosophischen Selbstver-

ständnisse von Grundsatzentscheidungen herrühren, die in die fachwissenschaftlichen Arbeiten *investiert* werden, statt sich als Konsequenzen aus ihnen zu ergeben.

Wenn nun im folgenden ein methodischer Reparaturversuch an – pauschal gesprochen – »der« Informationstheorie unternommen wird, so bleibt dieser selbst nicht ohne Investitionen. Eine Fiktion von Voraussetzungslosigkeit oder Absolutbegründung soll hier also nicht bemüht werden. Deshalb wird der methodische Reparaturversuch (1) *bei den Üblichkeiten der Alltagssprache und der Lebenspraxis beginnen*, die mit guten Gründen nicht aufgegeben werden können und sollen. Sie bilden den Ansatzpunkt für eine Überlegung, welche Zwecke der Suche nach einer vernünftigen Rede von Information zugrunde liegen sollen. Hier werden erste Entscheidungen zu treffen sein, die den Bereich *menschlicher Kommunikation von Naturvorgängen unterscheiden*. Da wir, zu Recht, für unser Reden verantwortlich gemacht werden, wird (2) *Reden als Handeln* zu betrachten sein. Dort zeigen sich, insbesondere an den Aspekten des Handlungsvollzuges und der Beteiligungshandlungen, prädiskursive Unterstellungen, die jedem Kommunikationsgeschehen zugrunde liegen. Nicht zuletzt ist die Verantwortungspflicht gegenüber dem Reden ein zentraler Grund, auch *über das Reden methodisch zu reden* und nicht chaotisch. Nach dieser philosophischen Reflexion auf die hier zugrunde gelegten Investitionen und damit nach einer ausführlichen Vorstellung des Begründungsprogramms ist (3) die Rede von Information selbst explizit zu machen. Das heißt, es werden die wichtigsten Grundbegriffe der Informationstheorie und ihrer sprachphilosophischen Bestandteile zu definieren sein. Wenn damit eine einschlägige Terminologie zur Verfügung steht, können die zwei wichtigsten Aspekte der Anwendungen besprochen werden, einerseits (4) die technischen Systeme zur Substitution menschlichen Kommunizierens (beginnend bei der Verschriftung der Rede) und andererseits (5) die Anwendung der erfolgreichen Technik für die Modellierung von Naturvorgängen.

Üblichkeiten und Zwecke als Investition

Jenseits aller Wissenschaften und Philosophien transportieren die Wörter und Unterscheidungen, die man unter Titeln wie Kommunikationstheorie, Informationstheorie oder Nachrichtentechnik subsumiert, *unverzichtbare Leistungen der Alltagssprache*. Wer sich informiert, etwa über den Fahrplan der Bahn, wünscht verständliche und verläßliche Auskunft. Er sucht nach Kenntnissen oder einem Wissen, das für weiteres Handeln brauchbar ist.

Die Vertrautheit und der selbstverständliche Umgang mit dem Suchen und Finden, mit dem Geben und Nehmen von Informationen schließen ein, daß im Geschäft des sich gegenseitig Informierens Mißverständnisse, Irrtümer, Täuschungen, Unklarheiten, Wissenslücken und vieles andere vorkommt. Mit anderen Worten, die *Vertrautheit mit dem ungestörten Normalfall* des sich gegenseitig Informierens ist nicht angewiesen darauf, diesen Normalfall explizit zu definieren. Man wird erst aufmerksam auf ihn, wo er gestört ist. *Störungen* treten gegenüber dem unreflektiert vollzogenen Normalfall auf. Da sie lästig sind und vermieden werden sollen, geht es einer *Wissenschaft* des sich gegenseitig Informierens um die Beherrschung solcher Störungen. Wissenschaft zur Stützung lebensweltlicher Praxen ist also als ein *Störungsvermeidungs- und Störungsbeseitigungswissen* intendiert, das dafür den erwünschten *ungestörten Idealfall* definieren muß.

Ein methodisches Vorgehen beginnt also bei Teilen einer Lebenspraxis, die vollzogen und erlebt werden am ungestörten Normalfall, der in den Wissenschaften explizit zu definieren ist, und zwar als der *ideale ungestörte Fall*. Störungen sind aufgrund eines dafür geeigneten Wissens, eines Know-how, künftig zu vermeiden oder zu beheben. Für dieses Know-how muß mindestens *eine Sprache* gefunden werden, die nicht ihrerseits im wesentlichen einen Störfall darstellt, sondern durch hinreichende Explikation und Definition ein verläßliches Mittel einer Wissenschaft ist.

Wissenstransfer

Die stilistisch wenig elegante Formulierung des »sich gegenseitig Informierens« wurde hier vorläufig gewählt, weil ja nicht alles Kommunizieren (im Sinne des Miteinanderredens) ein Informieren im Sinne eines Wissenstransfers ist. Schließlich fordert man sich ja auch gegenseitig auf, fragt etwas, führt performative Sprechakte im engeren Sinne aus, in dem wir danken, bitten, tadeln, loben, beleidigen, versprechen, ernennen usw., und selbst für Bekundungen der eigenen Befindlichkeit, d. h. für die sogenannten expressiven Sprechakte, ist fraglich, ob die Hauptabsicht im Informieren des Gegenübers liegt oder ob Bekundungen nicht eher verdeckte Aufforderungen zur Hilfe, Einforderung von Mitleid, von Bewunderung oder ähnliches sind und damit eher Aufforderungs- als Beschreibungs- oder Behauptungscharakter haben – von der Bestimmung abgesehen, daß Bekundungen nur wahrhaftig, nicht aber wahr sein können. Kurz, die Formel vom sich gegenseitig Informieren soll bedeuten, daß dies zunächst nur ein Teil des sprachlichen Kommunizierens ist, bei dem es gerade um Kenntnisse, um Wissen und damit um Geltung in einem weiten Beurteilungsrahmen von wahr und falsch geht.

Hier soll nicht weiter davon gehandelt werden, warum es zweckmäßig ist, die alltagssprachlichen Üblichkeiten beizubehalten, mit denen wir uns informieren und sagen, daß wir uns informieren, und wissen, daß dieses Geschäft immer gefährdet ist durch Mißverständnisse und andere Störungen. Es ist nämlich nicht zu sehen, wie wir lebensweltlich ohne die Möglichkeit auskämen, uns gegenseitig zu informieren. Fast unser gesamtes *Wissen* beruht nicht auf eigener Erkenntnis, sondern stammt aus Übernahmen von anderen Menschen. Ja, man könnte zugespitzt sagen, bestenfalls in den Bereichen des persönlichen, individuellen, ja intimen Lebens beruht Wissen auf eigener Erkenntnis (sieht man von der Erkenntnisproduktion durch den erfolgreichen Forscher einmal ab). Aber sobald Wissen öffentlich wird und sich mit allgemeinen Geltungsansprüchen verbindet, wird es zum Besitz weniger durch eigenes Erkennen als durch Übernahme von Dritten.

Ein universelles Wissen muß nicht gleich ein wissenschaftliches sein. Wir erwarten auch von Telefonbüchern und Fahrplänen, daß sie zutreffen; sonst wären sie wertlos. Das gleiche gilt für Atlanten, geographische und politische Informationen, Wissen über Natur und Geschichte, reicht also weit in die sogenannte Allgemeinbildung (auch über die Wissenschaften) hinein. Der gesamte Bereich des Redens, in dem es primär um verstehbare und gültige *Behauptungen* geht, ist unabdingbar für eine Lebensbewältigung in all ihren Formen vom Privaten über das Öffentliche zum Transsubjektiv-Wissenschaftlichen und Technischen hin. Und dieses Reden ist primär ein Informieren, ein Geben und Nehmen von Wissen und Kenntnis. Deshalb sind für die methodischen Reparaturversuche naturalistischer Mißverständnisse des Informationsbegriffs die genannten Üblichkeiten der Alltagssprache unabdingbar.

Vom Zweck der Kommunikation

Die traditionellen Theorien der Information und Kommunikation stellen sich keine Wozu-Frage. Informieren und Kommunizieren finden immer schon statt, und zwar als Naturvorgänge. Auch kulturalistisch gesehen sind wir Menschen selbstverständlich »immer schon« Redewesen. Wir fangen also nicht in irgendeinem Sinne erst an zu kommunizieren, wenn uns dafür überzeugende Zwecke vorgestellt werden.

Dennoch ist es für die Klärung der Begriffe Kommunikation und Information hilfreich, für die immer schon praktizierten Tätigkeiten die Wozu-Frage aufzuwerfen. So kann rekonstruierend geprüft werden, ob Kommunizieren und Informieren adäquate Mittel für die jeweils verfolgten Zwecke sind.

In diesem Sinne soll hier *Kommunikation als Mittel* verstanden werden, *Kooperation zu organisieren*. Dies klingt zwar etwas technokratisch, soll aber festhalten, daß es bei der Begriffsklärung um ein im moralischen Sinne ernstes, das Leben betreffendes Reden geht und nicht etwa um eine Art Geschwätzigkeit, die nur der seichten Unterhaltung oder dem sinnlosen Zeitvertreib gilt.

Auf Kooperation sind wir Menschen angewiesen. Nicht nur in einer hoch arbeitsteiligen, komplexen Gesellschaft, sondern sogar in den familiären und kleinteiligen Lebensgemeinschaften reden wir dort, wo wir es ernst meinen, im Sinne eines kooperativen Miteinanders. Nicht zuletzt ist die Angewiesenheit des Menschen auf andere Menschen in den kultürlich wichtigen Lernphasen der Kindheit und in den unabweisbaren Zwängen des Alters ein guter Grund, ein vernünftiges Reden im Sinne einer gedeihlichen Kooperation als Zweck des Kommunizierens ins Auge zu fassen. Es ist genau diese Angewiesenheit auf Kooperation, die den entscheidenden *Grund* abgibt, *sich gegenseitig für das Reden verantwortlich zu machen.*

Wir werden für unser Reden verantwortlich gemacht. Dies ist selbstverständlich, wo Reden das Verhältnis zwischen Menschen bestimmt. Wo also z. B. etwas versprochen oder gemeinsam geplant, wo eine Freundschaft geschlossen oder aufgekündigt, ein Verein gegründet oder aufgelöst, ein Vertrag geschlossen oder ein Auftrag erteilt wird, werden wir selbstverständlich »beim Wort genommen«. Und wo sich Bitten und Danken nicht auf nichtsprachliche Handlungen einer anderen Person richten, sondern auf sprachliche Äußerungen, ist die Verantwortlichkeit für das Reden direkt und wörtlich zum Ausdruck gebracht durch die jeweils andere Person, die uns bittet oder dankt. Kurz, unser *Reden wird uns zugerechnet als Verdienst oder Schuld.*

Reden erfüllt damit eine zentrale definitorische Charakterisierung des Handelns. *Reden ist Handeln.* Handlungen können ge- oder mißlingen, Erfolg oder Mißerfolg haben dadurch, daß sie ihren Zweck erreichen oder verfehlen, können unterlassen werden, Gegenstand einer sinnvollen Aufforderung sein und vieles mehr. Wir werden also für unser Reden verantwortlich gemacht, weil Reden eine Spezialform des Handelns ist und Handeln sich von einem uns *natürlicherweise* (z. B. »angeborenen«) eigenen Verhaltensrepertoire zumindest dadurch unterscheidet, daß wir es in einer Handlungs- und Redegemeinschaft erst mühsam erlernen müssen.

Hier sind die ersten strengen Abgrenzungen gegen naturalistische Vereinnahmungen geboten. Informieren und Kommunizieren sollen nicht von Anfang an mit einem weiten Hof von Assoziationen und Metaphern (wie bei den kommunizierenden Röhren) verbunden sein. Wo sich ein Stein in der Sonne erwärmt, soll nicht gesagt werden, daß die Sonne der Sender und der Stein der Empfänger ist, daß die Sonne den Stein informiert oder mit ihm kommuniziert. Und es soll auch nicht gesagt werden, der erwärmte Stein sei ein Zeichen für Sonnenschein und gutes Wetter. Das heißt, die Rede von Information und Kommunikation soll *programmatisch auf menschliche Sprache begrenzt* werden, weil nur für sie, und dort methodisch primär, von Bedeutung und Geltung sinnvoll die Rede sein kann. Über eine spätere Verwendung des sprachphilosophisch Geklärten als Metaphern z. B. für technische oder natürliche Vorgänge ist damit noch nichts vorentschieden.

Vorentschieden ist jedoch, daß die Unterscheidungen von *gemacht* und *vorgefunden*, von *technisch* (oder *künstlich*) und *natürlich*, von *Kultur* und *Natur* aus der Welt des täglichen Lebens heraus zu den primären Unterscheidungen gehört. Wer im Wald einen Steinpilz findet, nimmt an, er sei dort natürlich gewachsen; bei einem Autoschlüssel geht man von einem dort verlorenen Artefakt aus. Nicht grundlegend aber kann eine Sichtweise der Welt und des Menschen sein, die nur als Konsequenz einer bereits erfolgreichen, vom Menschen gemachten und in einer Geschichte transformierten Wissenschaft verfügbar ist, wie im Falle einer materialistischen oder naturalistischen Grundeinstellung.

Die Ordnung von Handeln und Reden

Diese programmatischen Investitionen sind nicht etwa beliebig und dogmatisch, sondern berufen sich auf Bedürfnisse und Zwecke aus einem gedeihlichen menschlichen Zusammenleben. Nur wo wir uns gegenseitig für unser Reden verantwortlich machen und wo wir Kommunizieren als Handeln verstehen, gewinnen wir auch die Möglichkeiten, historisch vorgefundene Techniken von ihrem Zweck her zu begreifen und ihre Rolle für die Modellierung der Natur zu erkennen. Aber auch nur dort, wo wir uns gegenseitig für unser Reden verantwortlich machen, spielt das Prinzip eine Rolle, das die vorliegenden Reparaturversuche als *methodisch* zu bezeichnen verlangt, das *Prinzip der methodischen Ordnung*. Es verbietet, über die Reihenfolgen von Handlungen anders zu sprechen, als diese für ihren Erfolg eingehalten werden müssen dort, wo es eben um diesen Erfolg geht. Im Alltagsleben erkennt jeder Mensch dieses Prinzip an. Niemand schätzt – um mit Aufforderungen zu beginnen – z. B. Gebrauchsanweisungen, Bauanleitungen oder Kochrezepte, deren Befolgen regelmäßig zu Mißerfolg führt, weil die einzelnen Schritte der Bedienung, des Zusammenbaus oder des Kochens in falscher Reihenfolge vorgegeben sind. Auch Berichte und Erzählungen werden nicht geschätzt, wenn sie die tatsächlichen Ereignisse in der Reihenfolge der Art verdrehen, daß das Geschehen nicht mehr plausibel ist. Kurz, das Prinzip der methodischen Ordnung betrifft das Reden über das Handeln, und zwar sowohl in präskriptiver wie deskriptiver Rede. Da Handeln sehr häufig aus Handlungsketten besteht, die erst als ganze einen Zweck verfolgen und den gewünschten Erfolg erbringen, und da sehr häufig (aber nicht immer!) Teilhandlungen in solchen Handlungsketten nicht vertauschbar sind, ohne den Erfolg zu gefährden oder zu verfehlen, gibt es also ein *pragmatisches Beurteilungskriterium* für die »vernünftige« Reihenfolge des Redens über das Handeln.

Da auch das Reden selbst ein Handeln ist, empfiehlt sich zu bedenken, in welchen Fällen hier das Prinzip der methodischen Ordnung einschlägig wird. Auch das Reden über das Reden muß dem Prinzip der methodischen Ordnung dort genügen, wo das redend dargestellte Reden seinerseits an Reihenfolgen gebunden ist, wenn es seine Zwecke nicht verfehlen will.

Der Handlungscharakter des Redens verleiht diesem einige Züge, die in den traditionellen Kommunikations- und Informationstheorien regelmäßig übersehen werden. Dazu erläutern wir Unterscheidungen zu zwei Aspekten, die menschliches Handeln betreffen.

Gelingen und Erfolg, gemeinschaftlich

Handeln kann als *Beteiligungshandlung*, als *gemeinschaftliche Handlung* und als *Individualhandlung* auftreten. Eine Beteiligungshandlung heißt, was nur unter Beteiligung anderer Akteure *gelingen* kann. Klassische, nichtsprachliche Beispiele sind der Wettlauf und das Tauziehen. Die Handlung des Wettlaufens oder Tauziehens kann nur gelingen, wo mindestens eine weitere Person sich, sozusagen aus freien Stücken, beteiligt. Man könnte, wo die Vorsicht vor einer intentionalistischen Sprechweise schwach entwickelt ist, davon reden, daß Beteiligungshandlungen stets nur auf der Grundlage einer entsprechenden gemeinsamen Absicht eines prädiskursiven und präaktiven Konsenses der Beteiligten möglich sind.

Davon unterschieden seien die Gemeinschaftshandlungen, bei denen nicht das Ge- und Mißlingen, wohl aber der *Erfolg* und der Mißerfolg von der Mitwirkung anderer Personen abhängen. Einen schweren Balken hochzuheben ist ein geeignetes Beispiel: Jede Person weiß für sich allein, was sie dabei zu tun hat. Aber Erfolg hat die Handlung nur, wenn andere mitwirken.

Die Restklasse der Handlungen, die weder Beteiligungs- noch

Gemeinschaftshandlungen sind, bilden dann die sogenannten *Individualhandlungen*, die eine Person auch allein ausführen und zu Gelingen und Erfolg bringen kann.

Ohne in die Fragen einer empirischen Entwicklungspsychologie abschweifen zu müssen, läßt sich behaupten, daß der Erwerb der Handlungs- und Redefähigkeit für das menschliche Individuum *nur in Handlungs- und Redegemeinschaften* stattfinden kann, in denen gerade *die Beteiligungs- und die Gemeinschaftshandlungen eine fundamentale Rolle spielen.* Die Zuwendung der Eltern zu dem Kleinkind, das gemeinsame Machen, Vor- und Nachmachen, Loben und Korrigieren, die ganze Form des Umgangs mit Säuglingen, Kleinkindern und Kindern (wieder in der Perspektive des ungestörten Normalfalls) zeigen dies. Und ersichtlich gilt dies generell auch für die Handlungen des Kommunizierens und Redens, sofern letzteres nicht auf artifizielle Situationen des Monologisierens oder Proklamierens zu Übungszwecken beschränkt ist. Kommunizieren gehört zum Typ Beteiligungshandlung, weil es nur gelingen kann, wenn wenigstens zwei Kommunikatoren eine entsprechende gemeinsame Absicht verfolgen. Und um beim Kommunizieren zu Ergebnissen zu kommen, also (zunächst noch in einem undifferenzierten Sinne) Erfolg zu haben, muß Kommunikation auch als Gemeinschaftshandlung gesehen werden.

Beobachter, Teilnehmer und Vollzüge

Ein zweiter Aspekt des Handelns führt von der Handlungstheorie zu wichtigen Unterscheidungen beim Reden. Es ist die *Unterscheidung von Vollzugs- und Beschreibungsperspektive*, wobei letztere nochmals in die bekannte Unterscheidung von *Teilnehmer- und Beobachterperspektive* zerfällt.

Es wurde – zu Recht – als Erkenntnisfortschritt gesehen, als die Unterscheidung von Teilnehmer- und Beobachterperspektive in sozialwissenschaftliche, wissenschaftstheoretische und ethische Debatten eingeführt wurde. Auf die Geschichte dieser Einführung können wir hier nicht eingehen. Es war eine wichtige Einsicht, daß Erkenntnisbemühungen wie Geschichtsschreibung, Gesellschaftstheorien oder Normenbegründungen davon betroffen sind, daß sie auf den jeweiligen Urheber selbst anwendbar oder sogar anwendungspflichtig sind, also eine *Teilnehmer-*

perspektive erfordern. Nur wo dies nicht der Fall ist, kann man eine *Beobachterperspektive* einnehmen.

Bereits hier ist eine erkenntnistheoretische Pointe zu betonen: Das Einnehmen einer Teilnehmer- oder Beobachterperspektive ist keine Frage einer beliebigen freien Wahl, sondern ein zwangsläufiges Mittel für den Erfolg der jeweiligen Erkenntnis- oder Rechtfertigungsbemühung. Dazu einige Beispiele: Für die Wahrheit einer anatomischen Beschreibung des menschlichen Skeletts spielt es keine Rolle, daß der Anatom selbst das gleiche Skelett hat. Er kann also einen Beobachterstandpunkt einnehmen. Aber schon der Sinnesphysiologe, der das Sehen (Bau und Funktion der Augen und der Sehrinde im Hirn) untersucht, hat einen Gegenstand und eine Methode für sein Unternehmen nur dann, wenn er aus der Teilnehmerperspektive spricht. Denn wer nicht weiß, was Sehen »ist« (im alltäglichen Sinne), und wer sich nicht mit anderen Sehenden auf einen Konsens über das im sinnesphysiologischen Experiment Gesehene einigen kann, wird keine Sinnesphysiologie des Gesichtssinnes treiben können. Das heißt, die Gegenstandskonstitution und die Methoden einer angesehenen Naturwissenschaft (!) fordern vom Forscher das Einnehmen einer Teilnehmerperspektive. Dies wird durch die Naturalisierung der Naturwissenschaften gern verdeckt. Wo man über die Augen von Tintenfischen oder Insekten wie über menschliche Augen spricht, nimmt man bereits eine metaphorische Übertragung der menschlichen Erlebnisqualität »Sehen« vor.

Wichtig ist, daß beide Perspektiven, die des Teilnehmers und des Beobachters, *Beschreibungsperspektiven* sind. Auf das Redehandeln übertragen, geht es dabei um Qualitäten des Redens, die sich allein in Metarede (als Teilnehmer oder Beobachter) fassen lassen. Dabei eröffnet aber auch die Teilnehmerperspektive gerade nicht, was der Vollzugsperspektive vorbehalten ist:

Nur eine Handlung zu *vollziehen* bringt Handlungen in die Welt, nicht aber deren Beschreibung (außer in dem hier nicht gemeinten Sinne, daß auch Handlungsbeschreibungen nur durch Handlungsvollzüge in die Welt kommen). *Vollzüge* spielen also zunächst einmal die nicht unerhebliche Rolle, daß Reden (und damit Sprachen) nicht durch Theorien und Beschreibungen, sondern durch Reden in die Welt kommen. Somit sind auch die Gegenstände von Kommunikations- und Informationstheorien keine durch die Bemühungen der jeweiligen Theoretiker vorhandenen Gegenstände. Gerade im Deskriptivismus der Dogmengeschichte, die zur Naturalisierung der Information geführt hat wie in der Semiotik von Charles Morris, ist die *Vollzugsperspektive* völlig ausgeblendet, ja *unzugänglich*. Nur so können die Beispiele von einem Hund, der ein Eichhörnchen jagt, und von einem Menschen, der eine Ansichtskarte erhält, als gleichartig angesehen werden. Der Hund *handelt* definitionsgemäß nicht, vollzieht also auch keine Handlung. Ob der Empfänger der Postkarte eine Handlung vollzieht, kommt auf die Situation an. Es könnte sich auch um ein reines Widerfahrnis drehen, was sich beim Erhalt einer Postkarte im Empfänger »abspielt«.

Wie die Unterscheidung von Teilnehmer- und Beobachterperspektive erst in der Reflexion auf die Rolle bestimmt wird, die das Einnehmen der jeweiligen Perspektive für die Wahrheit der unter dieser Perspektive gewonnenen Erkenntnis spielt, so muß auch die Vollzugsperspektive entsprechend in ihrer Rolle bestimmt werden. Die doppelte Bedeutung der Handlungsvollzüge liegt (1) in der *Unhintergehbarkeit des Vollzugs durch seine Beschreibung* und (2) in der Rolle des *Vollzugs als Begründungsanfang*.

Wo eine deskriptivistische Rücknahme des *Autors* von Erkenntnissen, ja wo dessen Naturalisierung und programmatische Eskamotierung die erkenntnistheoretische Grundhaltung des Naturalisten ist, wird die Aufmerksamkeit für das *Hervorbringen* von Wissen und Wissenschaft durch Handeln berücksichtigen müssen, daß nur Vollzüge Erkenntnisse produzieren. Also werden in Begründungen von Erkenntnissen (oder Widerlegungen von Irrtümern) Handlungsvollzüge die Aufgabe von *Begründungs- (oder Widerlegungs-)anfängen* zu übernehmen haben. Anschaulich geschieht dies dadurch, daß im Zweifel eines kontroversen Diskurses die jeweiligen Gegenstände durch tatsächliches Handeln des Autors bereitzustellen sind. Es gibt Beispiele für ganze wissenschafts- und erkenntnistheoretische Züge solcher Begründungen. Wenn etwa die Geometrie als eine Theorie operational begründet wird, wird am Ende nicht nur über die Handlungen des Herstellens räumlicher Formen oder des Zeichnens von Figuren beschreibend *zu reden* sein, sondern diese Handlungen sind *tatsächlich konkret auszuführen*, zu »vollziehen«; andernfalls wären die fraglichen Gegenstände unzugänglich und ihre hypothetische Fiktion verlöre jeden Realitätsbezug. Vollzüge leisten, daß die Gegenstände der besprochenen Wirklichkeit verfügbar gemacht werden.

Diese historisch an nichtsprachlichen, poietischen Handlungen aufgefundenen Zusammenhänge etwa der Geometrie Euklids gelten auch sprachphilosophisch für das Reden. Die Vollzüge von Redehandlungen sind die Gegenstände, an denen sich Theorien der Kommunikation und Information zu bilden und zu bewähren haben. Damit wird nun verbindlich, was oben in der Kritik etwa der Metaphorisierung von Information und Kommunikation von Molekülen und Neuronen vorgetragen wurde. Dort gibt es keine Vollzüge. Deren Fiktion in metaphorischen Beschreibungen hat keinen Gegenstand. Und diese These selbst entscheidet sich in der Vollzugsperspektive. Der Biologe, der von Erbinformation spricht, um die Sprache der Moleküle als Grundlage für die Sprache des Menschen auszugeben, setzt sich in einen *performativen Widerspruch* zu seinen eigenen Sprachvollzügen bei der Produktion ebendieser Theorie.

Jetzt mag ersichtlich sein, warum es wichtig ist, daß wir Menschen von anderen Menschen für unser Reden verantwortlich gemacht werden. Wir werden *für Vollzüge verantwortlich* gemacht, weil sie Folgen haben, die ohne diese Vollzüge ebenfalls nicht in der Welt wären. Die Folgen von Redehandlungen, ob nun selbst in der Form von Redehandlungen oder nicht, müssen vom Handelnden verantwortet werden wie die Folgen nichtsprachlicher Bewegungs- oder Herstellungshandlungen. Wie wir einen Menschen für einen Fausthieb (Bewegungshandlung) oder für das Malen oder Verbrennen eines Ölgemäldes (Herstellungshandlungen) verantwortlich machen, so auch für die Folgen seiner Redehandlungen, und zwar im Alltagsleben und a fortiori in Wissenschaften und Philosophien. Wo Kommunikations- und Informationstheorien falsche Begleitphilosophien haben, liegt dies am unbedachten, distanzierten und nur vermeintlich wissenschaftlichen Deskriptivismus. Die Distanz des Wissenschaftlers zu seinem Gegenstand kann auch bei den Wissenschaften vom Reden gerade nicht ausschließen, daß die Vollzüge des Redens selbst unter die Wissenschaft vom Reden fallen. Aber sie kommen nicht durch die Wissenschaft vom Reden in die Welt, sondern durch Vollzug. Und von den Vollzügen aus muß die spezifische Leistung des Wissenschaftlichen erbracht werden, transsubjektive Geltung zu gewinnen.

Damit sind die sprachphilosophischen Fundamente jeder Theorie der Information und Kommunikation zusammengetragen, die nun erlauben, dafür einige terminologische Klärungen zu versuchen.

Kommunizieren und Informieren, terminologisch

Ein *methodischer Anfang* für den Aufbau oder die Rekonstruktion einer einschlägigen Terminologie muß beim Kommunizieren und kann nicht beim Informieren liegen. Kein Mensch könnte in der stilisierten Situation sprechen lernen, wie sie die mathematische Theorie der Kommunikation oder Information nach Shannon und Weaver vorsieht. Wie in obiger Kritik an dieser Theorie ausgeführt, kann nur im *permanenten Rollenwechsel* von Sprecher und Hörer Kommunikation stattfinden, weil nur in diesem Wechselspiel die Kommunikanten selbst beurteilen, wieweit ihre Redehandlungen gelungen sind und Erfolg hatten. Im tatsächlichen Reden der Menschen miteinander gibt es keinen archimedischen Beobachter außerhalb, der beschreibt und entscheidet, ob sich die Kommunikanten verstanden haben, gegenseitig anerkennen usw.

Verstehen und Anerkennen

Verstehen und Anerkennen der Redehandlungen einer Person durch eine andere lassen sich mit den handlungstheoretischen Unterscheidungen des Ge- und Mißlingens sowie des Erfolgs und Mißerfolgs bestimmen. (Damit verzichten wir auf konkurrierende Bedeutungs- und Wahrheitstheorien der Analytischen Sprachphilosophie. Eine methodische Sprachphilosophie, in der die klassischen Unterscheidungen auf eine methodische Handlungstheorie zurückgespielt werden, habe ich in meinem Buch »Logisch-pragmatische Propädeutik«, 2001, entworfen.)

Wiederum ausgehend von den alltäglichen Üblichkeiten des Miteinander-Redens wird hier unterstellt, daß jeder Sprecher (1) verstanden und (2) in einer Redehandlung anerkannt werden möchte. Um zunächst das weite Feld philosophischer Wahrheitstheorien zu umschiffen, sei eine einfache Aufforderung betrachtet: Was heißt, eine *Aufforderung sei »gelungen«* (im Sinne der handlungstheoretischen Unterscheidung des Ge- und Mißlingens, wonach primär der Urheber beurteilt, ob er seine Handlung »richtig« im Sinne seiner Absichten oder, bei geregelten Handlungen vom Eiskunstlauf bis zum Schachspiel, im Sinne der Regeln regelgerecht ausgeführt hat)? Mißlungen wäre eine Aufforderung etwa, wenn sie durch einen Versprecher oder eine irreführende Geste für den Adressaten unverständlich wäre.

Wie auch im Falle einer nichtsprachlichen (etwa einer Bewegungs- oder Herstellungshandlung) eine Handlung »verstanden« heißt, wenn ein Beteiligter erkennt, *welches Handlungsschema der Akteur gerade vollzieht,* ist eine Aufforderung »verstanden«, wenn sich der Adressat aufgefordert sieht. (Aus Gründen der Übersichtlichkeit gehen wir hier wieder vom störungsfreien Normalfall aus, daß die aufgeforderte Person dabei auch erkennt, *zu welcher Handlung* sie aufgefordert wird. Der durchaus denkbare Fall, daß sich eine Person aufgefordert sieht, aber nicht recht verstanden hat, wozu, sei hier der Einfachheit halber übergangen.)

Selbstverständlich *widerfährt* es dem Sprecher, ob ihn der Adressat seiner Aufforderung verstanden hat. Das heißt, das Ge- oder Mißlingen einer Aufforderung hat für einen Sprecher neben einem Handlungs- immer auch einen *Widerfahrnischarakter.* Verstehen und Mißverstehen von Aufforderungen kann also vom Sprecher nicht beliebig erzwungen werden, sondern ist ein Ergebnis der Beteiligungshandlung Kommunizieren. Im einfachsten Falle, in dem der Aufgeforderte wortlos die Aufforderung befolgt, stellt der Sprecher fest, daß er »verstanden« wurde. Verstehen und Mißverstehen sollen in diesem Sinne auf das Gelingen und Mißlingen von Aufforderungen, dann allgemein von Sprechhandlungen jedweden Typs zurückgeführt werden.

Mit dem Erlernen des Sprechens erlernen wir zugleich die Schemata, wie man üblicherweise auf Aufforderungen, Fragen, Behauptungen, auf Sprechakte des Grüßens, Bittens und Dankens, Beleidigens, Versprechens usw., auch auf Bekundungen des Gemütszustandes und andere Formen des Kommunizierens »reagiert«. Und wir lernen gleichzeitig, als Sprecher diese kultürlich eingeübten Formen des Reagierens ihrerseits zu verstehen. Wenn auf die Frage eines Fremden »Wo geht es hier zum Bahnhof?« die Antwort »17 Uhr« gegeben wird, geht der Sprecher üblicherweise davon aus, mißverstanden worden zu sein.

Von *Erfolg und Mißerfolg einer Aufforderung* wird man sprechen, wenn diese befolgt bzw. nicht befolgt wird. Bei Befolgung wollen wir von *Anerkennung* einer Aufforderung sprechen. Die Pointe ist, daß generell alle Typen von Sprechakten eigene Formen der Anerkennung oder Nichtanerkennung nach sich ziehen. Insbesondere soll die Zustimmung zu einer Behauptung den gleichsam elementarsten Schritt der Anerkennung auf dem Weg zu einer diskursiv erreichten Wahrheit bilden.

Wie beim Verstehen einer Aufforderung wird auch beim Anerkennen einer Aufforderung durch Befolgen die *Geltung der Aufforderung* durch ihren Erfolg, die Verweigerung der Befolgung durch den Aufgeforderten als deren Mißerfolg definiert. Wiederum ist die sprachphilosophische Pointe, daß es dem Sprecher in Kommunikation und Kooperation widerfährt, ob er mit seiner Aufforderung Erfolg hat.

Diese Skizze (zu einer Durchführung dieses Ansatzes sei auf das oben erwähnte Buch des Autors verwiesen) soll das *Zurückspielen von Bedeutung und Geltung sprachlicher Äußerungen für alle Typen von Redehandlungen* auf sprachphilosophische Unterscheidungen, hier auf das Ge- und Mißlingen sowie den Erfolg oder Mißerfolg von Redehandlungen in kooperativen und kommunikativen Situationen, zeigen. Mit anderen Worten, die Bedeutung und die Geltung eines sprachlichen, durch eine Redehandlung vollzogenen Ausdrucks kommt überhaupt nur und damit methodisch primär unter der Bedingung zustande, daß zwei Personen die Beteiligungs- *und* Gemeinschaftshandlung des Kommunizierens vollziehen. Unverzichtbar ist dabei, daß nur im permanenten Rollenwechsel von Sprecher und Hörer von den Beteiligten jeweils das Gelingen und der Erfolg festgestellt werden können.

Wo solche Praxen des Kommunizierens und Kooperierens etabliert sind, läßt sich dann auch von »*Informieren*« reden. »A informiert B, daß s« beschreibt einen Ausschnitt aus einem Kommunikationszusammenhang, wonach ein Sprecher einen Hörer von einem *Sachverhalt s* Kenntnis gibt. Sachverhalte werden durch Aussagen dargestellt. Diese Form bleibt nicht nur auf den Spezialfall beschränkt, daß es beim Informieren um die Mitteilung wahrer Aussagen und damit bestehender Sachverhalte geht, wie im Falle der (zutreffenden) Fahrplaninformation. Wenn auch etwas künstlich und konstruiert, lassen sich neben dem Behaupten alle Typen von Redehandlungen auf diese Form zurückspielen, also auch das Auffordern, Fragen, Grüßen usw. Sinn dieses Zurückspielens ist, alle Redehandlungen als Anwendungsfälle des »Informierens« einholen zu können. Aus »A sagt zu B: ›Komm her!‹« wird etwa »A informiert B, daß er herkommen soll«.

Vom Informieren zur Information

In den geregelten Verhältnissen des öffentlichen Lebens sind uns zahllose Beispiele bekannt, in denen wir vom Informieren *bestimmte Invarianzen* erwarten und fordern. So soll es, um bei der Fahrplanauskunft zu bleiben, sowohl von der Person des Reisenden oder Auskunftsuchenden wie von der auskunftgebenden Person unabhängig sein, *welche* Auskünfte gegeben werden. Ob ein Sprecher Mundart spricht oder sich umständlich ausdrückt, ob ein Hörer schnell oder langsam versteht, nachfragen muß usw., soll für die schließlich gegebene und erhaltene Information keine Rolle spielen. Informationen sollen *sprecher-, hörer-* und *darstellungsinvariant* sein. In welchen Wörtern und Sätzen die Auskunft gegeben wird, soll – noch naiv gesprochen – für deren »Inhalt« nicht ausschlaggebend sein. Nur, was ist der »Inhalt« einer Auskunft? Der »Inhalt« eines Weinglases soll beim Umgießen in ein anderes derselbe bleiben. Die übertragene Rede vom Inhalt einer Mitteilung soll also dessen *Unabhängigkeit von* der Form des Gefäßes, hier also *von Sprecher, Hörer und der Wahl der Wörter und Sätze*, sein.
Kulturhistorisch kommen solche Forderungen nach Sprecher-, Hörer- und Darstellungsinvarianz von Mitteilungen vermutlich aus dem Zusammenhang des Rechts. Gerechtigkeit von Gesetzen und ihrer Anwendung in der Rechtsprechung besteht im wesentlichen darin, daß im Idealfall vor dem Richterspruch alle (betroffenen) Hörer gleich sind, unabhängig davon, an welchen Richter man geraten ist und wie im Verfahren die Normen des Gesetzgebers erläutert und interpretiert werden.
In einer Terminologie, die unter Sprachphilosophen und Logikern üblich ist, wird also der Begriff der Information durch das logische Verfahren der Abstraktion aus dem Handlungsprädikator Informieren geleistet. Auch dieses Abstraktionsverfahren kann hier nicht behandelt werden. Vielleicht genügen die folgenden Beispiele zu seiner Plausibilisierung: So wie verschiedene Ziffern dieselbe Zahl darstellen können und verschiedene Wörter denselben Begriff und verschiedene Aussagen denselben Sach-

verhalt (verschiedene wahre Aussagen dieselbe Tatsache), so können auch *verschiedene sprachliche Äußerungen dieselbe Information darstellen.* Sie sind *informationsgleich*, wie eine römische Ziffer III und eine arabische Ziffer 3 »Zählgleichheit« unterstellen und die Synonyme »Krawatte« und »Selbstbinder« deren Bedeutungsgleichheit. Damit ist in einem ersten Theorieschritt der *Begriff der Information* auf die Bezeichnung der *Handlung des Informierens* zurückgeführt, die ihrerseits durch Beispiele von Redehandlungen in Kommunikationsprozessen erläutert worden ist.

Die Technisierung der Information

Im Blick auf die historisch durchaus erfolgreiche Technisierung und Mechanisierung des Redens sollen nun im zweiten Schritt die Mensch-Maschine-Verhältnisse betrachtet werden. In unserer modernen technischen Zivilisation kennen wir aus dem täglichen Leben unzählige Fälle, in denen – metaphorisch gesprochen – einerseits der *Mensch Aufforderungen an Maschinen* ergehen läßt und andererseits *Maschinen Aufforderungen an Menschen* ergehen lassen. Ein Beispiel der ersten Art ist das Bedienen eines Autos durch den Fahrer, ein Beispiel der zweiten Art die Leitung des Fahrers durch Verkehrsampeln. Nicht erst Maschinen, die man heute als semantische oder symbolische bezeichnet (wie Rechenmaschinen und Computer), sondern schon *alle Steuerungs- und Regelungshandlungen an oder mit technischem Gerät* eignen sich hierfür. Simple Beispiele wie das Steuern eines Ruder- oder Segelboots erlauben, das Boot auf seinem Weg (selbstverständlich relativ zum menschlichen Zweck, ein bestimmtes Ziel zu erreichen) so zu betrachten, *als ob* es der Aufforderung des Ruderers oder Steuermanns genügte (oder im Mißerfolgsfall die Befolgung verweigerte). Im umgekehrten Falle der Maschine-Mensch-Aufforderung werden Systemzustände der Maschine wie das Abkommen des Bootes vom Kurs als Aufforderung an den Steuermann verstanden, bestimmte Handlungen zur Korrektur des Kurses vorzunehmen. Entsprechend bei der Verkehrsampel, ob diese nun von einer Person, einer Schaltuhr oder einem Prozeßrechner geschaltet wird. Der *metaphorische* Umgang mit den Mensch-Maschinen-Verhältnissen verdankt sich also bestimmten *Zuschreibungen* (nicht Beschreibungen!), *als ob Artefakte Adressaten oder Urheber von Aufforderungen wären.* Strenggenommen sind solche Metaphern überflüssig. Sie beinhalten nichts über eine Beschreibung hinaus, in der der Benützer der Maschine diese als ein Mittel für seine oder anderer Personen Zwecke betrachtet und beschreibt.

Für den Informationsbegriff einschlägig (und damit nicht mehr überflüssig) werden Mensch-Maschine-Aufforderungsverhältnisse in beiden Richtungen genau dann, wenn Steuerungs- und Regelungsvorgänge von kommunikativen und kooperativen Praxen abhängig werden, wenn es also »auf die Information ankommt«, die in der Aufforderung der Maschine durch den Menschen oder des Menschen durch die Maschine enthalten ist. Dies ist der Fall, wenn *die Beurteilung* von Ge- und Mißlingen bzw. erfolgreichen und erfolglosen Aufforderungen zwischen Mensch und Maschine in Analogie zu einer solchen bei der Kommunikation und Kooperation von Menschen geschieht. Dies läßt sich am besten durch ein Beispiel erläutern:

Man denke etwa an ein Diktiergerät, das sich automatisch einschaltet, wenn in sein Mikrophon gesprochen wird (voice activated recording). Selbstverständlich schaltet sich das Gerät auch dann ein, wenn in das Mikrophon gesprochen wird: »Jetzt nicht einschalten!« Das heißt, das Diktiergerät »versteht« die Aufforderung nicht – im Unterschied zu sogenannten »sprachgesteuerten« Systemen, die auf verschiedene Steuerungsbefehle verschieden »reagieren«. Dieses Beispiel zeigt den Unterschied, ob die informationstheoretische Beschreibung der Leistungen einer Maschine eine überflüssige (redundante) Metaphorik darstellt oder nicht.

Wieder werden die Funktionen von Maschinen anhand verschiedener Störfälle unterscheidbar: Die Funktionskriterien des »nicht-sprachverstehenden« Diktiergeräts unterscheiden nicht, wo ein »sprach-verstehendes« System einen Unterschied zwischen gestörtem und ungestörtem Funktionieren »macht«. Dabei können die Störungen des »sprach-verstehenden« Systems nur wieder von einem semantisch und geltungstheoretisch kompetenten menschlichen Sprecher beurteilt und erklärt werden.

Eine informationstheoretische Sprechweise für Mensch-Maschine-Verhältnisse in Steuerungs- und Regelungszusammenhängen ist also genau dann *redundant*, wenn sie *nicht nach dem Modell* des oben erläuterten Verstehens und Anerkennens menschlicher Sprechhandlungen funktionieren. Aber auch im nichtredundanten Falle werden Maschinen konstruiert, optimiert und verwendet als *leistungsgleiche Ersetzungen* menschlicher Tätigkeiten durch Maschinen, die ihrerseits nur als Verstehen und Anerkennen in Kooperation und Kommunikation bestimmt sind. Der methodische Primat der Sprachkompetenz eines menschlichen Sprechers bleibt auch für die technisch erfolgreichen »sprachverstehenden« Systeme erhalten. Die Rede von der Maschinenleistung ist metaphorisch.

Effizienz und Informationsaufwand

Schon im Bereich technikfreier menschlicher Kommunikation läßt sich die Effizienz von Kommunikationsformen im Hinblick auf Kooperationsleistungen vergleichen. Um die Effizienz zu steigern, werden bei bestimmten Kontexten wie Treibjagden, der Bedienung großer Segelschiffe, der Kooperation der Feuerwehr bei der Brandbekämpfung, bei militärischen Operationen usw. *Standardbefehle* für bestimmte Handlungen konventionell etabliert. Ein und dasselbe *Repertoire von Handlungsschemata* definiert dabei die Darstellungsinvarianz und damit die *Informationsgleichheit* der sie beherrschenden sprachlichen Mitteilungen (Kommunikationshandlungen). Damit gibt es eine große Fülle schon vorwissenschaftlicher, lebensweltlicher Beispiele, in denen ein Bedarf der Beurteilung des Aufwandes für bestimmte Kooperationsleistungen besteht. Mit anderen Worten, ein und dasselbe Repertoire von Handlungen soll durch ein möglichst sparsames, störungsresistentes System von Aufforderungen abrufbar sein. Schon für diesen Bereich einer nicht technikgestützten Kommunikation läßt sich ein quantitativer Vergleich der Befehle bei gegebenen Invarianzen des Informationsinhalts definitorisch etablieren.

Geht man wiederum auf die technische Substitution über und beschränkt sich auf die nichtredundanten, informationell relevanten Fälle, so läßt sich daraus rekonstruieren, wieso von einem »*vorgegebenen, diskreten Zeichenvorrat* bei der Nachrichtenquelle und -senke« gesprochen werden kann – wie in der Shannon-Weaver-Theorie. Diese war einfach naiv vom Faktum ausgegangen, daß wir bei Zeichensystemen wie dem Alphabet oder den kanonisierten Wörtern einer Sprache einen endlichen, vorgegebenen Zeichenvorrat haben. Und diese Vorgabe wurde auch noch verwechselt mit den spezifischen Beschränkungen der Codierungs- und Decodierungsmaschinen etwa auf physikalische Parameter (wie den Schalldruck und die Frequenz gesprochener Sprache beim Telefon-Mikrophon). Hier jedoch ist, methodisch aufbauend auf der handlungstheoretischen Klärung von Kommunikation in Kooperationsverhältnissen und der leistungsgleichen, technischen Ersetzung menschlicher Kommunikations- und Kooperationsleistungen *explizit definiert*, wie die sonst undefinierten Grundunterscheidungen der Informationstheorie zu gewinnen sind; und die Normierung von Standardhandlungen und Standardbefehlen (»Zeichenvorrat«) ist durch den Kooperationszweck – etwa effektive Brandbekämpfung – *legitimiert*.

Hier können nun alle – etwa in der Theorie von Shannon und Weaver – folgenden Definitionen des Informationsmaßes, der Kanalkapazität und ähnliche angeschlossen werden. So kann man etwa auch die üblichen Sprechweisen von »Informationsverarbeitung« zurückspielen auf den Rollentausch von Hörer und Sprecher. Wenn also etwa eine Person A eine Person B nach dem Weg zum Bahnhof fragt und B Auskunft gibt, hat bei B der Rollenwechsel vom Hörer zum Sprecher stattgefunden. Die Handlungen, die B (im Zuhören und Antworten) ausführt, müssen von einer leistungsgleichen Maschine (etwa einem Automaten für Fahrplanauskünfte der Bahn) erbracht werden. Dabei werden die Eingabe (durch Sprechen oder Tastendrücken) und die Ausgabe als *Daten* (Gegebenes) im selben Sinne bezeichnet, wie eine Person eine Frage (vor)gibt und wie (metaphorisch) der Automat »die Antwort gibt«. *Datenverarbeitung* ist der technische oder maschinentheoretische Aspekt der *Informationsverarbeitung*. Informationen zu verarbeiten bleibt aber an die menschliche Handlung und Leistung gebunden, die durch Datenverarbeitung technisch substituiert wird.

Als letztes soll auch die naturalistische Rede von *Zeichen* in der Semiotik von Morris (und der gesamten Informationstheorie) ersetzt werden durch Rückgang auf ihren Ursprung in menschlicher Kommunikation und Kooperation. Personen können einer anderen Person ein *Zeichen geben*. Dafür muß es eine hinreichend vertraute soziale Konvention geben, was bestimmte *Zeigehandlungen* (ganz genau müßte es heißen: Zeigehandlungsschemata) *bedeuten*. Im Trivialfall der Weggabelung (von lateinisch »trivium«, »Dreiweg«) wird der Ortsunkundige auf seine Frage »Wo geht es zum Ort X?« eine nach links oder rechts weisende Geste des Ortskundigen erwarten und erhalten. Solche in Kommunikation und Kooperation *erfolgreichen Zeigehandlungen* sind schematisiert und in diesem Sinne Zeigehandlungsschemata. Sie lassen sich wieder technisch substituieren, z. B. durch einen Wegweiser. Weil er leistungsgleich »funktioniert« wie die Weg-weisende Person, also (für den Suchenden den selben Zweck erfüllt), nennt man (logisch nicht ganz konsequent) auch den Wegweiser ein »Zeichen«.

Leistungsgleichheit und technische Imitation

Bisher war anschaulich, aber ohne Erläuterung oder Definition von »leistungsgleich« die Rede, wo in Mensch-Maschine-Interaktionen vertraute Sprechweisen für menschliche Handlungen auf Maschinen übertragen wurden. Der Autofahrer, der sein Fahrzeug bedient und sich nach den Verkehrsampeln richtet, handelt, »als ob« er Aufforderungen an eine Maschine richten oder selbst Aufforderungen einer Maschine befolgen würde. Ist diese Als-ob-Sprechweise auch angemessen, wo eine Maschine dem Zweck dient, so zu funktionieren, *als ob sie geistige Leistungen wie das Verstehen oder Produzieren von Rede leisten könnte*? Worin besteht, nun genau bestimmt, die Leistungsgleichheit einer Maschine mit einem Menschen, über die im Alltag leichthin gesagt wird: Eine Maschine denkt, rechnet, spricht, versteht usw.?

Das weiterführende Interesse an dieser Frage betrifft die alte Debatte, was Computer können und nicht können und ob das menschliche Hirn wie ein Computer funktioniere. Dabei soll weniger die Kontroverse zwischen Skeptikern wie Hubert Dreyfus und Joseph Weizenbaum und Optimisten der KI-Forschung wie Alan Turing oder Marvin Minsky aufgegriffen werden. Vielmehr wird der sprachphilosophisch reflektierte, auf menschliches Handeln zurückgeführte Informationsbegriff auf seine Tragfähigkeit für diese Frage zu prüfen sein. In kritischer Absicht gegenüber anthropomorphen Sprechweisen in bezug auf technisches Gerät soll sich dabei zeigen, wo ein *explizites Kriterium der Leistungsgleichheit* darüber entscheidet, ob solche rhetorischen Vermenschlichungen der Maschine zu Recht bestehen und wo sie nur eine Metapher bilden, die als irreführend oder unangemessen ausgewiesen werden kann.

Arbeitsmaschinen, die dem Menschen schwere körperliche Arbeit abnehmen wie ein Kran das Heben, ein Bagger das Graben und ein Lastwagen das Tragen von Lasten, übertreffen bekanntlich in ihren spezifischen Leistungen den Menschen in geradezu beliebigem Umfang. Dies liegt u. a. an ihrer Spezialisierung, die zugleich eine ungeheure Beschränkung der Einsatzmöglichkeiten gegenüber dem flexibelsten aller Lebewesen, dem Menschen, bedeutet. Zugleich aber mit der Spezialisierung liegt die Effizienz von Arbeitsmaschinen auch darin, daß sie »dieselbe Leistung« *auf anderem Wege* erbringen. So gibt es in praktisch allen Arbeitsmaschinen Räder und die kontinuierliche Anwendung des Hebelgesetzes über Getriebe, während an Lebewesen Räder und Getriebe prinzipiell nicht vorkommen können. Denn das auf einer Achse frei drehbare Rad oder die in einem Lager frei drehbare Achse verbietet die leibliche Kohärenz, die bei einem Organismus für die Versorgung seiner Teile im Stoffwechsel gegeben sein muß. Diese Eigenarten von Arbeitsmaschinen, dasselbe anders zu machen als der Mensch, zeigen sich auch an Verkehrsmitteln für das Fliegen und das Schwimmen im Verhältnis zu tierlichen Leistungen. Die Konstruktionsprinzipien der Flugzeuge in gröbster Einteilung (Zeppelin, Segelflugzeug, Motorflugzeug, Hubschrauber) lassen sich gewissen natürlichen Fliegern zuordnen und funktionieren doch jeweils grundlegend anders. Analog bei Wassertieren und Wasserfahrzeugen.

Dies gilt prinzipiell auch bei Maschinen, die keine körperliche, sondern eine *geistige Arbeit leistungsgleich ersetzen.* Schon der einfache Taschenrechner übertrifft in seinen spezifischen Leistungen den Menschen, aber um den Preis seiner Spezialisierung und auf konstruktiven Wegen, in denen das Rechnen anders verläuft als bei einem Menschen, der eine Rechnung im Kopf oder mit Hilfe von Bleistift und Papier ausführt.

Um zu einem exakt bestimmten *Kriterium der Leistungsgleichheit* zu kommen, ist allerdings der Ansatz bei den Rechenmaschinen zu eng. Dort geht es bei der durch die Maschine als gleich zu erbringenden Leistung um die Geltung arithmetischer Sätze, bei komplexeren Maschinen um Leistungen, die *kalkülisierbar* sind. Kalküle sind mehr oder weniger komplexe Regelsysteme zur Erzeugung von Figuren aus Figuren. Mit anderen Worten, ein Beginn bei den Rechenmaschinen als sogenannten *syntakti-*

schen Maschinen hat überhaupt nur dort Aussicht auf Erfolg, wo es gelingt, spezifisch menschliche Leistungen in die Form von Kalkülen zu bringen. Dies ist für spezifische Bereiche ein technisch herausforderndes Gebiet, das hier weder als unwichtig noch als trivial abgetan werden soll. Allerdings für die Frage, ob Maschinen denken, sprechen oder andere spezifische mentale Leistungen des Menschen leistungsgleich ersetzen können, spielen sie keine Rolle. Denn Reden und Handeln als spezifisch menschliche Leistungen sind gerade *prinzipiell nicht kalkülisierbar*. Um diese (von den KI-Optimisten anders eingeschätzte) Behauptung zu begründen, soll deshalb bei der Suche nach einem Kriterium für die Leistungsgleichheit bei der menschlichen Sprache begonnen werden. Hier hat die Kulturgeschichte in der Verschriftung des gesprochenen Wortes bereits eine technische Substitution hervorgebracht, die Jahrtausende vor den rechnenden und sprechenden Maschinen der Neuzeit und der Moderne entwickelt wurde und die gleichwohl die philosophisch tragfähigen Aspekte der Leistungsgleichheit aufweist.

Die Verschriftung von Rede

Wie sehr uns allen im Alltag das Prinzip der methodischen Ordnung geläufig ist, mag man daraus ersehen, was uns so selbstverständlich ist, daß man Alternativen weder zulassen noch bedenken möchte. In diesem Sinne dürfte es völlig unstrittig sein, daß man sprechen können muß, wenn man schreiben und lesen lernen will. Selbstverständlich ist dabei auch, daß man das Lesen nicht aus einem Buch oder einem geschriebenen Text lernen kann, sondern nur durch das gesprochene Wort und die hinweisenden Gesten auf Schriftzeichen unter Bezug auf den schon beherrschten Gebrauch gesprochener Sprache. Es gibt, kurz gesagt, gute Gründe, von einer *Verschriftung gesprochener Sprache* zu reden, aber den umgekehrten Weg von einer nur in Schriftform vorliegenden Sprache zur Rede für unmöglich zu halten, sowohl was die Lerngeschichte des Individuums als auch was die Entwicklung von Sprache und Schrift in der Kulturgeschichte angeht. Diese Gründe liegen vor allem in der *Einbettung des Redens in das Handeln* und in den (oben besprochenen) Charakteristika der Beteiligungs- und Gemeinschaftshandlungen in der Kommunikation. (Wem solche aus philosophischer Reflexion kommende Einsichten weniger am Herzen liegen, der kann auch darauf verwiesen werden, daß der Ausdruck »Sprache« ja von »Sprechen« kommt; wäre der Weg umgekehrt verlaufen, hieße es wohl »Schreibe« statt »Sprache«.)

Die Verschriftung von Sprache ist selbst ein *zweckrationales* Unternehmen. Wenn, wieder mit einem breiten Konsens, international Alphabetisierungsprogramme für Länder der Dritten Welt gefordert werden, geschieht dies vor dem Hintergrund, daß erst die Beherrschung der Sprache in Wort und Schrift einen angemessenen Zugang zur Kultur auf der Höhe unserer Zeit eröffnet, mit allen Partizipations- und Selbstbestimmungsqualitäten, die wir einem aufgeklärten Zeitalter verdanken. Für wissenschaftliche Theorien der Kommunikation und Information genügt es dagegen, auf die Leistung geschriebener Sprache zu verweisen, gesprochene Sprache von der Flüchtigkeit des Augenblicks und der Situation abzulösen und über Raum und Zeit transportierbar zu machen. Dies ist gerade für die frühen Formen des Schreibens, nämlich Briefe, Urkunden, Gesetze, Lehrschriften (und kultürlich heilige Schriften) ersichtlich.

Eine weitere methodische Trivialität ist, daß man hypothetisch zwar *lesen* lernen könnte, ohne zugleich das Schreiben zu lernen (mit der Hand oder an einer Maschine). Aber (methodisch) ebenso selbstverständlich ist es, daß man nicht lesen lernen könnte, wenn es nichts Geschriebenes gäbe. Also darf man, wo nicht über eine halbierte Schriftkompetenz nachgedacht wird, kurz vom Schreiben- und Lesenlernen sprechen. Was lernt man da?

Im Blick auf die Legende von der Naturalisierung der Information kommt es bei dieser Frage besonders auf den Unterschied von kultürlich und natürlich an.

Von Aristoteles läßt sich die Unterscheidung in »natürlich« und »künstlich« (mit dem griechischen Wort »technisch«) erlernen. Nach Aristoteles ist das Natürliche dasjenige, das den Grund und die Anfänge seiner Eigenschaften und ihrer Veränderungen in sich trägt. Das Technische dagegen ist das vom Menschen Hervorgebrachte, im glücklichen Fall nach reiflicher Erwägung von Zweck und Mittel. Lernen kann man von Aristoteles auch, daß diese Unterscheidung nicht eine »ontologische« Disjunktion ist, die alles Seiende in Natürliches und Künstliches einteilt, sondern die *Gegenüberstellung zweier Aspekte.* Ein und derselbe Gegenstand, etwa die berühmte Marmorstatue aus der Vier-Ursachen-Lehre des Aristoteles, hat natürliche und technische »Eigenschaften«, d. h. kann sprachlich unter dem Aspekt des Hergestelltseins (Form oder Zweck der Statue) und unter dem Aspekt des Natürlichen (wie der Farbe oder Härte des Marmors) beschrieben werden.

Hinzu kommt, wenn auch nicht in gleichem Maße direkt bei Aristoteles nachzulesen, so doch von ihm zu lernen, daß mit dem Aspekt des Technischen als dem Planvollen und Absichtlichen die *Haupt- und Nebenabsichten* des Akteurs *unterscheidbar* werden. Der Bildhauer achtet bei der Herstellung der Statue auf vieles, wahrscheinlich aber nicht auf deren Gewicht, das die Statue am Ende gegenüber dem ursprünglichen Marmorblock hat. Dennoch ist auch das Gewicht von ihm hergestellt, also technisch, wenn auch »beiläufig« (»kata symbebekós«). Wäre es dem Bildhauer nicht um eine Statue, sondern um einen Gewichtssatz für eine Getreidewaage gegangen, hätte das Gewicht der bearbeiteten Marmorstücke den Hauptzweck und deren Form nur eine Nebenwirkung betroffen. So viel mag als Minimaltheorie zum Unterschied von natürlich und technisch für den Moment ausreichen.

Leistungsgleichheit und methodische Ordnung

Die Endung des Wortes »Technisierung« (in »Technisierung der Sprache«) verweist darauf, daß etwas, was schon da ist, zu etwas Künstlichem verändert wird. Es besagt dagegen nicht, daß das, was da künstlich verändert wird, selbst ein Naturstück sein muß. Die Frage, wieweit das Sprechen der Menschen, ihr Kommunizieren, natürlich oder selbst künstlich ist, mag hier also offenbleiben. (Die Evolutionsbiologen, die eine Naturwissenschaft vom Menschen suchen, haben dieses Problem zu bewältigen. Dies wird aber ohne Investition der Unterscheidung von natürlich und kultürlich nicht gehen.) Wir befinden uns hier aber nicht an irgendwelchen fiktiven Übergängen vom Tier zum Menschen im Evolutionsgeschehen, sondern im 21. Jahrhundert, in dem *Sprachen* mit Sicherheit *Kulturphänomene* sind. Dies kann nicht strittig sein, wenn unter »Kultur« in möglichster Sparsamkeit nicht mehr gemeint ist als ein Rückgang auf die ursprüngliche Wortbedeutung des lateinischen »cultivare«, mit dem die menschliche Handlung des Eingreifens in die und Veränderns der vorgefundene(n) Natur gemeint ist. Unter Kultur soll hier nicht der Bereich der entwickelten Künste (oder auch der Wissenschaften oder der Institutionen) verstanden werden, sondern eher an Obstbaum-, Wein- und Bakterienkulturen erinnert werden: Der Mensch greift verändernd als Züchter in das Natürliche ein und handelt dabei nach seinen Zwecken.

Ob nun Sprache selbst schon als ein *technisches* Mittel zu betrachten ist, um kommunizierend und Kooperation organisierend unser Leben zu bewältigen, spielt *hier* keine weitere Rolle. Noch einmal geht es hier sparsam nur darum, mit »Sprache« das vorfindliche Faktum zu meinen, daß die Menschen miteinander reden.

Die erste und in ihren Folgen kaum übersehbare *Technisierung des Redens* ist die *Verschriftung*. Über sie ist historisch so wenig bekannt, daß sie nur als Gegenstand spekulativer Philosophie (bei Platon) oder der Dichtung (bei Thomas Mann) konkret wird. Alternativ ist die Lerngeschichte jedes einzelnen Menschen, sofern er nicht Analphabet bleibt, ein gutes Beispiel für die Technisierung der Sprache. Man hat Lesen und Schreiben als eigene Handlungen zu erlernen. Wer Lesen und Schreiben gelernt hat, kann daran mühelos einige Feststellungen treffen, die für die Legende von der Naturalisierung der Information wichtig werden:

- Das *Lesen* ist gewissermaßen eine *Umkehrung des Schreibens*. Nur Geschriebenes kann gelesen werden. Und niemand wird schreiben können, der nicht das Geschriebene auch lesen kann.
- *Schreiben und Lesen* kommen *nur durch menschliche Handlungen* zustande, wobei das Schreiben nicht ohne Bewegungs- und Herstellungshandlungen möglich ist. Der Mensch muß sich körperlich gezielt in einer Kulturbewegung, die nicht angeboren, sondern erlernt ist, bewegen und dabei Schriftstücke produzieren. Philosophisch und handlungstheoretisch gesprochen sind Kinesis (Bewegung) und Poiesis (Herstellung) Grundlage für die Künste des Schreibens (und damit Lesens).
- Die *Verschriftung* gesprochener Rede *erhält* bestimmte und *verliert* bestimmte andere Züge des gesprochenen Wortes. Lautstärke und Tonhöhe, Mimik und Gestik, die stillschweigenden oder kunstvoll und absichtlich eingesetzten Botschaften der Körpersprache, der sozialen Rolle des Sprechers, der Situation und vieles andere gehen verloren, wo Rede schrift-

lich niedergelegt wird. Erhalten wird dagegen das, was der Sprecher dem Hörer mitteilen möchte. Aristotelisch betrachtet trennen sich hier Hauptzweck und Nebenfolgen.

- *Leistungsgleich* sind gesprochenes und geschriebenes Wort also in vielerlei Hinsichten. Schüler lernen dies in den Formen des Diktats. Der vorgelesene Text des Lehrers ist wörtlich wiederzugeben. Erhalten bleiben bei diesem Übergang *Bedeutung und Geltung* des Gesprochenen. Für den Normalfall des menschlichen Schreibers, also im Unterschied etwa zu einem Computer-Diktiersystem, muß dabei ein hinreichendes (»semantisches«) Verständnis des gesprochenen Wortes vorliegen (auch bei fiktiven, also »nichtwahren« Geschichten). Gleichen Lauten entsprechen verschiedene Wörter. Eine unbekannte Fremdsprache läßt sich nicht nach Diktat aufschreiben. Auch die Setzung von Satzzeichen oder die Orthographie – z. B. ob es sich bei dem gesprochenen Wort »Lerche«/»Lärche« um einen Baum oder einen Vogel handelt – sind nur aus dem Sinn des Zusammenhanges ersichtlich. Die Semantik geht hier methodisch der Geltung (via Pragmatik) voraus.
- Die Verschriftung gesprochener Sprache dient als technisches Mittel klar erkennbaren Zwecken: Ob ein Brief oder eine Tagebuchnotiz, ein Versuchsprotokoll oder ein Gesetzestext geschrieben wird, immer geht es darum, den geschriebenen Text als *Mittel für den Transport* des Gesprochenen *durch Raum und/oder Zeit* zu erzeugen. Auf diese Weise werden Formen des Kommunizierens in lautsprachlicher Rede auf Bereiche erweitert, in denen der Kommunikationspartner nicht oder noch nicht oder nicht in der derselben Weise anwesend ist wie beim direkten Gespräch.

Die Technisierung der Sprache als Verschriftung der Rede in menschlichen Handlungen des Schreibens (und Lesens) ist also eine Kulturtechnik mit gut bestimmbaren Mitteln und Zwekken. Sie dient der *leistungsgleichen Substitution des gesprochenen Worts durch die Schrift, um das Gesprochene durch Raum und Zeit zu transportieren.* Das technische Substitut ist in explizit bestimmbaren *Aspekten leistungsgleich*, in anderen ebenfalls gut bestimmbaren Aspekten leistungsverschieden. Damit präsentiert die Kulturgeschichte nicht nur das prominenteste, sondern auch das lehrreichste Beispiel einer Technisierung der Sprache, lange bevor die ersten Nachrichtentechniken (schon in antiken militärischen und ökonomischen Zusammenhängen) erfunden und praktiziert wurden. Die Technisierung der Sprache und damit der Kommunikation ist also kein Kind der Nachrichtentechnik, der Informatik, der Kybernetik oder ähnlicher jüngerer Wissenschaften.

Damit ist zugleich in einem weitesten Sinne bestimmt, was eine leistungsgleiche Substitution einer kognitiven menschlichen Leistung ist. Ob es um Steuerung und Regelung des Straßenverkehrs einer Großstadt oder einer großen petrochemischen Anlage geht, ob an einem Flughafen Personen-Identifizierungsautomaten mit einem Kameraüberwachungssystem gekoppelt werden, ob es Vorleseautomaten für Blinde oder »sprachverstehende« Schreibsysteme für Computer sind, immer sind es *primär menschliche kognitive Leistungen, die leistungsgleich technisch substituiert* werden. Dafür muß zuerst der spezifische Zweck der Substitution hinreichend genau beschrieben sein, um überhaupt ein *Kriterium für die Funktion der zu konstruierenden Maschine* zu gewinnen. Es gilt also ohne jede Ausnahme, daß informationsverarbeitende Maschinen für hochspezialisierte Anwendungen menschliche Leistungen imitieren können. Diese menschlichen Leistungen selbst sind jedoch methodisch unhintergehbar. Sie sind primär und gehen als Hervorbringungen von Kulturen jeder Technisierung voraus.

Dies schließt nicht aus, daß die Technisierung ihrerseits Folgen hat, die in den nicht technisierten Praxen nicht auftreten oder aufgetreten wären. Man braucht dazu nur die bekannten Beispiele etwa aus der Verbreitung der Mobiltelefonie oder des Internets heranzuziehen. Schon im Universitätsalltag werden heute mit der Post versandte Briefe fast nur noch geschrieben, wenn es um Urkunden mit Unterschriften und Siegeln oder Stempeln geht.

Philosophisch wichtiger ist, daß dieser methodisch primäre Status menschlicher Kulturleistungen auch das Feld absteckt, in dem die *Grenzen des technisch Substituierbaren* gezogen werden. Denn die für den Ingenieur und Informatiker unverzichtbaren Kriterien der Leistungsgleichheit verlangen methodisch primär eine *hinreichende Explikation der menschlichen Kognitionsleistungen* selbst.

Hier kommen wir auf die obige Kritik an den Defiziten der Hermeneutik zurück, um exemplarisch solche Grenzen namhaft zu machen.

»*Sprechende*« *Maschinen*

Als im 17. und 18. Jahrhundert die mechanischen und die Uhrmacherkünste eine Perfektion erreicht hatten, daß sich ihre genialsten Vertreter nach anspruchsvolleren Aufgaben als dem bloßen Uhrenbau (mit ihren astronomischen Modellen) umsahen, kam es zu einer ersten Hochblüte des Baus von androiden Robotern. Eine Cembalospielerin oder eine Puppe, die ein Wort auf ein Stück Papier schreiben oder eine einfache Zeichnung anfertigen konnte und dabei zur Erhöhung der Faszination mit scheinbaren Lebensäußerungen wie Lidschlag und Atembewegung des Brustkorbs versehen war, sind noch heute zu bewundern. Und im Schachspiel-Roboter, bei dem sich unter dem Spieltisch ein menschlicher Schachspieler verbarg, können (gegenüber unseren heutigen Schachcomputern) die Grenzen der mechanischen Künste und die Vordergründigkeit des Scheins der Leistungsgleichheit erkannt werden.

Seit solchen Beispielen gibt es die Debatte, ob es prinzipielle Grenzen der leistungsgleichen technischen Substituierbarkeit des Menschen gibt. Diese Debatte hat heute unter zwei Aspekten wieder höchste Wichtigkeit, nämlich (1) im Hinblick auf die zwangsläufig technischen Modelle der Hirnforschung und (2) im Blick auf die weitere Zukunft der KI- und Artificial-Life-Forschung, besser -Entwicklung. (Die Analytische Philosophie des Geistes wird hier nicht als eigener Aspekt erwähnt, weil diese de facto nur den Entwicklungen in Technik und Naturwissenschaft hinterherläuft.)

Für Robotikexperten ist selbstverständlich, daß jeder Roboter nur eine *höchst spezifische Leistung* des Menschen imitieren, darin aber dann um ein vielfaches schneller, genauer, besser als ein Mensch funktionieren kann, daß aber eine Ersetzung des Menschen durch einen Roboter in einem *diffusen Sinne* – er soll alles können wie ein Mensch – weder möglich noch sinnvoll ist. Etwa ein Einkaufsroboter, der sich in einer Stadt zurechtfinden und für seinen Auftraggeber Kleidung einkaufen soll, dürfte schnell an seine Grenzen stoßen. Dies hängt mit dem bekannten Argument der Eigenleiblichkeit zusammen. Nicht nur für die Orientierung im Raum und Zeit muß der eigene Leib (mit Bezug auf die eigenen Intentionen) in jeder Umwelt positioniert werden. Auch das Eigeninteresse, eine Bedürfnisstruktur, und ein Weltbild gelten als nicht technisch ersetzbar.

Hier bewegt man sich nicht etwa auf dem Gebiet der Sciencefiction. Vielmehr wird im Bereich der Weltraumtechnik mit guten Gründen und großem Ernst diskutiert, welche Leistungen nur ein menschlicher Raumfahrer erbringen kann, welche Leistungen durch Fernsteuerung (Telematik) erfüllt (oder wegen der Laufzeit der Signale nicht erfüllt) werden können und welche schließlich automatisierbar sind. Die prinzipiellen Grenzen der Automatisierbarkeit liegen dort, wo die *Planung der Funktion, auf Unplanbares zu reagieren,* an die logischen Grenzen des Selbstwiderspruchs stößt. Nur der Mensch kann auf Unvorhersehbares *kreativ* reagieren.

Hier soll es aber im Hinblick auf die Naturalisierung der Information vor allem um *sprachliche Leistungen* gehen. Stellvertretend für eine große Zahl anderer Probleme soll hier geklärt werden, warum eine Maschine nicht »ich« sagen kann. In der Literatur sagt man dazu üblicherweise, eine Maschine könne nicht die »Erste-Person-Perspektive« einnehmen. In der Analytischen Philosophie des Geistes hat sich dazu bereits eine eigene Debatte über den Unterschied der Erste-Person- und der Dritte-Person-Perspektive etabliert. Leider läßt sich kein Vertreter irgendeiner der eingenommenen Positionen nennen, der die Erblasten durchschaut hätte, unter denen diese Debatte stattfindet.

Es wird nämlich nicht durchschaut, daß sich hinter der Perspektive der dritten Person nichts anderes als der Deskriptivismus verbirgt, der als grundsätzliche Haltung des Wissenschaftlers vermeintlich eingenommen werden muß. Dabei wird aber übersehen, daß *nur ein in der ersten Person argumentierender Wissenschaftler Urheber von Geltungsansprüchen sein kann.* Aufschlußreich ist auch, daß in dieser Debatte so gut wie nie die Zweite-Person-Perspektive eine Rolle spielt. Wieso nicht?

Oben wurde bereits über die beiden Bereiche der Alltagspraxis gesprochen, die so zu beschreiben sind, »als ob« Forderungen von Menschen an Maschinen bzw. von Maschinen an Menschen ergehen, verstanden und befolgt würden. Differenziert man diese Beispiele ein wenig dadurch, daß aus einer Gruppe (menschlicher) Adressaten bestimmte Personen maschinell aufgefordert werden (etwa durch Aufrufen einer vorher gezogenen Nummer), so könnte man dies als eine *leistungsgleiche Substitution der Anrede »Du«* ansehen. Dazu allerdings bedarf es einer Klärung der Frage, wozu wir Menschen im Alltag die Personalpronomina (und, nicht zu vergessen, die Possessivpronomina) verwenden.

Hilfsweise, aber wieder nicht im Sinne einer empirischen Entwicklungspsychologie, sondern einer handlungstheoretischen Grundlegung der Sprachphilosophie ist für eine methodische Rekonstruktion das Erlernen der Personal- und Possessivpronomina durch ein Kind heranzuziehen. Welches sind in einer methodischen Sprachrekonstruktion die *Zwecke, die nicht mehr ohne die Mittel der Personal- und Possessivpronomina erreicht werden können*?

Unterstellen wir wieder den Anfang bei den Beteiligungs- und Gemeinschaftshandlungen des gegenseitigen Aufforderns, um elementarste Schritte einer Kooperation zu etablieren. Unterstellen wir weiter, daß noch keine speziellen Adressatenwörter erforderlich sind, sondern die Zuwendung von Blick und Sprechrichtung bestimmen, wer angesprochen wird. Schon dort tritt Bedarf nach einer Äußerungsmöglichkeit auf, ein Kind aufzufordern, etwas mit einem anderen, anwesenden Kind zu tun – ihm etwa ein Spielzeug zu geben. In methodisch elementaren Situationen wird dort jeweils der Eigenname verwendet. Die Personalpronomina der dritten Person im Dativ und Akkusativ (Gib ihm den Ball! Laß sie in Ruhe!) sind dann im nächsten Schritt eine Art *abkürzende Variablen, die durch den Kontext ihren Bezug auf eine jeweils bestimmte Person haben und den Eigennamen ersetzen.*

Da es primär in solchen Zusammenhängen um die *Zuschreibung von Handlungen und um die Zurechnung als Verdienst und Schuld* geht, wird die Ich- und die Du-Form genau darin zweckmäßig: Man fragt bei einer besonderen (gleich, ob positiven oder negativen) Leistung: »Wer hat dies getan?«, und dann können Antworten wie »Ich« oder »Er« und mögliche Einsprüche wie »Du hast es getan« eine Rolle spielen. Kurz, die *Personalpronomina* sind (im Unterschied zu den situationsunabhängigen Eigennamen für Personen) *situationsabhängige Zurechnungswörter (Attributoren)*. Man braucht nun gar nicht die Selbstbezüglichkeitsleitern zu durchsteigen, die üblicherweise bei der Erläuterung des Wortes »Selbstbewußtsein« auftauchen, wonach jede Person, die Personalpronomina (einschließlich Plural und Kasusbildung) gebrauchen kann, wissen kann und wissen muß, daß dieses Wissen auch das Gegenüber von einem selbst hat und daß beide wissen, daß beide das gegenseitige Wissen haben usw.

Man kann also zunächst diese Reflexivität und die Iteration der Reflexivitäten (in der Analytischen Philosophie des Geistes spricht man hier gerne von »Theory of Mind«) außer acht lassen, um festzustellen: Der Umstand, daß Menschen sich gegenseitig in Handlungs- und Redegemeinschaften verantwortlich machen, besteht geradezu darin, *sich verantwortlich zu machen*, d. h., sich gegenseitig etwas zuzurechnen. Dazu hat die Sprache einerseits die Eigennamen ausgebildet, die, ganz entgegen der umfänglichen Diskussion in der Sprachphilosophie, *nicht auf das behauptende Reden ausgerichtet* sind, sondern in Kooperation das auffordernde Reden meinen. Wir brauchen, vereinfacht gesagt, Eigennamen, um *Personen adressieren* zu können, wo mehrere potentielle Adressaten anwesend sind. Im Kindergarten braucht die Kindergärtnerin einen Namen, um ein Kind zu rufen, wenn dieser Aufruf nicht jedesmal ersetzt werden soll durch eine körperliche, mimische, gestische Hinwendung oder gar das Anfassen und Wegführen des Kindes. (Es läßt sich einsehen, daß diese situationsgebundene Verwendung von Eigennamen die Möglichkeit eröffnet, auch in Abwesenheit und damit situationsunabhängig über benannte Personen zu sprechen.)
Wichtig ist hier die hervorragende Abkürzungsfunktion unserer Alltagssprache, in situationsgebundenen Sprachverwendungen den Eigennamen durch entsprechende Pronomina (wörtlich: Für-Namen, Namensstellvertreter) zu ersetzen. (Hier wird sichtbar, warum sich eine Analytische Sprachphilosophie und Philosophie des Geistes mit dem Problem der Erste-Person- und Dritte-Person-Perspektive schwer tut: Dort wird nicht zentral das Sprechen als Handeln und das Handeln als Kooperieren begriffen, sondern (nach Analogie der Organismustheorien) das isolierte Individuum in einer hinzugedachten natürlichen Umwelt betrachtet. Hier jedoch wird, bevor solche aus den Naturwissenschaften kommenden Konstruktionen herangezogen werden, primär von der Lebenswelt auszugehen sein, in der der Mensch den Anfang seines Lebens nur überlebt und ein Mitglied der Überlebensgesellschaft nur werden kann, wenn er diese Zurechnung von Verdienst und Schuld als Minimum der Sozialkompetenz erfährt und erlernt.
Damit ist eine *prinzipielle Grenze für sprechende (und denkende) Maschinen* genannt. Diese Grenze muß nun nicht mehr oberflächlich so beschrieben werden, daß eine Maschine nicht »Ich« oder »Du« sagen könnte – selbstverständlich kann jede

entsprechend konstruierte Maschine akustisch oder schriftlich oder wie auch immer solche Äußerungen hervorbringen. Und unter technischen Einschränkungen für etwa zum Vergleich herangezogene Personen könnte sogar eine Ununterscheidbarkeit der Maschinen- und der Menschenäußerung technisch erzwungen werden (im Sinne eines modifizierten Turing-Tests); allerdings um den Preis, daß die beteiligte Person gerade ihres Person-Seins beraubt würde.

Vordergründig könnte man die Grenze dadurch benennen, daß eine Maschine nicht *sinnvoll* die Personal- oder Possessivpronomina gebrauchen kann. Aber dann muß dies »sinnvoll« so erläutert werden, daß der *Zurechnungscharakter* der betroffenen Sprachhandlungen sowohl auf seiten eines Autors als auch auf seiten eines Betroffenen, dem etwas zugerechnet wird, nicht verlorengeht.

Ersichtlich rechnen wir Maschinen keine Verdienste oder Schuld zu. Maschinen mögen außer den vom Erfinder, Erbauer oder Benützer herbeigeführten oder in Kauf genommenen Qualitäten, für die dann immer die jeweiligen Personen verantwortlich sind, auch sozusagen natürliche Eigenschaften haben. Aber diese sind, ganz im Sinne der aristotelischen Zufalls-Lehre, nicht beabsichtigte Nebenwirkungen menschlichen Handelns, die als Nebenwirkungen gerade dadurch bestimmt sind, daß sie auch Hauptwirkungen hätten sein können. (Aristoteles hat dies am Beispiel des Mannes erläutert, der auf den Markt geht, um einen Freund zu treffen, »zufällig« aber einen Schuldner trifft; der Mann hätte auch auf den Markt gehen können, um den Schuldner zu treffen. Wenn er aber auf dem Markt von einem Erdbeben ereilt wird, hätte er nicht auf den Markt gehen können, um ein Erdbeben zu erleben. Das Erdbeben gilt nicht als »zufällig«.)

Wenn durch eine Windhose ein Baukran umstürzt und dadurch ein Mensch zu Schaden kommt, machen wir weder die Windhose noch den Baukran, sondern dessen Konstrukteur, Hersteller oder Betreiber für das Unglück verantwortlich. Es ist ein *unverrückbares Gut unserer heutigen Kultur, solche Schuldzuweisungen (moralisch und rechtlich) nur gegenüber Personen vorzunehmen,* nicht gegenüber Sachen, Naturgewalten, Tieren und nur eingeschränkt bei Noch-nicht-Personen, in abgestufter Form bei Kindern, geistig Behinderten oder etwa durch Krankheit temporär leistungsbeschränkten Personen. Dies ist auch der tiefere Grund, warum die sprachlichen Mittel der Zurechnung von Schuld und Verdienst prinzipiell auf Maschinen nicht angewendet werden, mit anderen Worten, warum es nicht sinnvoll ist, sie auf Maschinen anzuwenden. Damit entfallen aber auch die Möglichkeiten, als ein spezifisch wichtiger Teil der Gebrauchssprache, die Personal- und Possessivpronomina auf Maschinen zu übertragen.

Dieses Ergebnis ist übrigens auch stichhaltig für die Beurteilung des Turing-Tests sowie für viele andere Debatten aus dem Bereich der KI-Forschung und der Philosophie des Geistes, die nicht zuletzt wegen der verkannten Naturalisierung der Information und ihrer dogmengeschichtlichen Hintergründe nicht vorankommen.

Modelle des Natürlichen

Wo der Mensch seinesgleichen und sich als das *methodisch Primäre* für Handeln und Reden erkannt hat, kann die *Technik* als *das methodisch Sekundäre* im doppelten Sinne beherrscht werden, nämlich einerseits intellektuell als Know-how und Mittel und andererseits als Gegenstand der Verantwortung. Hier braucht nicht idealisierend übersehen zu werden, daß es Grenzen der Vorhersehbarkeit von Wirkungen und Nebenwirkungen gibt. Artefakte haben nun einmal die Eigenschaft, weiter zu bestehen, wenn ihre Erzeuger oder Verwender nicht mehr auf sie zugreifen. Dann kann eine andere Person, ungeachtet des Zwecks, für den der vorgefundene Gegenstand früher ein Mittel war, ihn zu neuen Zwecken umdeuten. Diese Umdeutbarkeit ist sogar das tragende Prinzip der technischen Zivilisation, wie sich an einfachen Entwicklungsgeschichten vom Wagenrad zum Zahnradgetriebe ersehen läßt.

Dessen ungeachtet ist die *Technik* als das methodisch Sekundäre seinerseits *primär für einen Umgang mit der Natur*. Ungeachtet der Möglichkeiten und des Reichtums eines ästhetischen, eines emotionalen und eines moralischen Umgangs mit der Natur ist ein verständiger Naturumgang prinzipiell und unvermeidbar *interventionistisch*. Nicht erst der Laborforscher zwingt, wie Goethe an der Zerlegung des Lichts durch das Prisma bei Newton beanstandet hat und wie Galilei an seinen eigenen Experimenten mißverstanden hat, Natur in seine technischen Laborapparaturen. Schon der prähistorische Sammler, Jäger und erst recht der Tier- und Pflanzenzüchter, der Feld- und Waldbauer muß in die Natur eingreifen, um zu überleben. Und er gewinnt sein tradierbares Know-how als Widerfahrniswissen am Gelingen und Mißlingen sowie am Erfolg und Mißerfolg seiner Interventionen. Pointiert gesagt, *Natur läßt sich nur als technisches Modell verstehen.*

Nichts spricht dagegen, außer mechanischen Modellen (im weitesten Sinne, also unter Einschluß etwa der Elektrodynamik, der Thermodynamik und der Chemie) auch solche Maschinen als Naturmodelle zu verwenden, die kognitive Leistungen des Menschen leistungsgleich substituieren.

Wenn es denn ein erfolgversprechendes Modell wäre, das Hirn nach Maßgabe eines Telefonnetzes einer Großstadt zu interpretieren, spräche nichts dagegen. Man weiß allerdings, daß diese Modellbildung völlig unzureichend ist. Kulturhistorisch bemerkenswert ist dies nur insofern, als bisher alle Modelle für das Zentralnervensystem sich jeweils an die modernsten technischen Möglichkeiten gehalten haben, von Descartes an, der sein plenistisches Weltmodell für die res extensa, in der sich Naturgeschehen nur kausal als Fortpflanzung von Druck und Stoß ergeben, mit der Reizleitung in den Nervenkanälchen getan hat, bis zu den heutigen »neuronalen Netzen«.

Wo allerdings aus der Modellierung des Natürlichen durch Artefakte vergessen wird, welche Investitionen an menschlichen Kulturleistungen die *Funktionen der Artefakte bestimmen*, beginnen die heute mehrheitsfähigen Verwirrungen des Naturalismus mit seinen Unterspielarten des Empirismus, des erkenntnistheoretischen Realismus und des wissenschaftstheoretischen Formalismus.

6 Konsequenzen

Was ändert sich in der Welt,

- wenn durchschaut wird, daß die Naturalisierung der Information eine bloße Legende ist, die sich der investierten (logisch empiristischen) Philosophie verdankt,
- wenn sich der Stand der Diskussion dadurch ändert, daß der Naturalismus nicht mehr als alternativenlos gesehen wird, sondern durch eine methodisch kulturalistische Theorie der Kommunikation und Information ersetzt werden kann, und
- wenn für diese (konstruktive) Alternative gezeigt ist, daß sie einerseits alle technischen Leistungen des naturalistischen Ansatzes abdeckt, andererseits philosophische Fehler (etwa in der Einschätzung der Leistungsfähigkeit von Maschinen) vermeidet, und
- wenn ein Zusammenwirken von Natur-, Technik-, Formal- und Kulturwissenschaften sichtbar wird?

Niemand soll und kann belehrt werden, der ein Nachdenken über die Welt im eigenen Reden für unerheblich hält gegenüber (vermeintlich) sprachunabhängigen Sachzwängen und Erfahrungen. Hier geht es nicht um Weltverbesserung, sondern um Aufklärung im Sinne einer Kritik an falschen Philosophien.

Man wird wohl ein erfolgreicher Informatiker oder Hirnforscher oder Analytischer Philosoph sein können, ohne sich an der Kritik des Naturalismus zu stören. Die Zugehörigkeit zu einer main-stream-philosophy ist bereits ein sozialpsychologisch äußerst wirksames Erfolgskriterium.

Ein Problem jedoch kann der Naturalist, soweit wir sehen, nicht umgehen oder lösen: Er kann seinen Naturalismus nicht in der Vollzugsperspektive vertreten. Es geht dem Naturalisten wie der Maschine, die nicht »ich« sagen kann. Das naturalistische Menschenbild, wie wohl heute vorherrschend (zumindest in den Naturwissenschaften und in der Philosophie), muß ein schizophrenes Verhältnis zu Moral und Recht eingehen.

In diesem Sinne ist zuzugeben, daß die Ergebnisse dieses Buches lediglich einige andere Sprechweisen und lediglich ein Umdenken in den Begleitphilosophien nach sich ziehen könnten, sofern es nicht entscheidende Fehler enthält (und, selbstverständlich, sofern es nicht einfach ignoriert wird).

Nur eines wird man nicht mehr sagen können: daß es zum Naturalismus und zur Naturalisierung der Information keine Alternativen gebe und deshalb die Vernunft ihre Heimat nur bei den alles naturalisierenden Naturwissenschaften haben könne.

Namenregister